발해왕조실록

차례
Contents

들어가며 3

일러두기
· 이 책에 표기된 연도 중 기원전이 아닌 연도는 편의상 '서기'를 생략했다.
· 이 책의 날짜는 모두 음력이다.
· 중국 지명의 경우 현재까지 존속하는 곳은 현지 발음으로 표기하고,
과거 지명일 때는 한국어 한자 발음으로 표기했다.

들어가며

발해는 고구려를 계승하여 한국 역사상 최대 영역을 보유한 나라였고, 또 중국 동북방과 연해주를 영위한 마지막 왕조였다. 나아가 광활한 영역을 활동 무대로 그곳 제족을 통합하고 다양한 문화를 포괄하면서 찬란한 문화유산을 꽃피운 동북아시아의 강국이기도 했다.

하지만 광대한 영토와 다양한 문화를 아울렀던 발해의 면모를 확인하는 일은 결코 쉽지 않다. 무엇보다 발해 스스로 남긴 문헌자료가 전혀 없다는 것이 큰 걸림돌이다. 이 때문에 발해에 대한 연구는 주변국에 남아 있는 일부 기록에 의존하고 있는데, 이들 자료는 기록 당사자의 관점에서 발해를 바라본 것이기에 근본적인 한계를 가질 수밖에 없다. 물론 고고학 성과가 꾸준히 축적되고 있지만 역사 현장을 직접 소유하고 있지 못한 우리로서는 접근이 여간 어려운 일이 아니다.

이런 이유로 『발해왕조실록』이라는 이름의 원고를 처음 요청받았을 때 선뜻 나서지 못했다. 우리가 접해온 발해사는 통일신라사의 부록처럼 다루어지기 일쑤였고, 발해 역사를 독자적인 체제로 서술하는 경우라 하더라도 다루는 국왕은 고작 고왕(高王)·무왕(武王)·문왕(文王)·선왕(宣王) 그리고 마지막 왕인 대인선왕(大諲譔王) 정도에 불과했다. 과연 왕대력(王代曆)에 의한 서술이 가능할지, 그리고 그것을 통해 어떤 새로운 모습을 담을 수 있을지 주저하지 않을 수 없었다.

그런데 이렇게 망설이던 중 어느 순간부터 당혹감과 어려움은 점차 이 작업의 참여를 이끄는 동인으로 변해갔다. 한국사 전체를 '왕조실록'이라는 큰 틀에서 재정리하는 작업에서 이 책 집필을 포기한다면 발해의 역사적 맥락과 위상에 오히려 치명적인 흠집을 낼 수 있다는 생각이 커져갔다. 더욱이 발해사에 대한 중국과 한국 간 인식 차가 갈수록 벌어지고 있는 가운데, 한국 독자들이 부담 없이 접할 수 있는 발해사 관련 대중서가 턱없이 부족한 현실을 떠올리자 더 이상 머뭇거릴 수가 없었다.

이 책은 전체 기획에 따라 다른 시대와 마찬가지로 발해 왕대력을 큰 줄기로 삼았다. 이를 위해 우선 각 왕별로 확인 가능한 역사상을 서술한 후에, 비록 정확한 시기를 단정하기는 어렵지만 발해 역사 전개에서 중요한 의미를 갖는 사실들을 선정하여 기존 연구 성과를 토대로 가장 근접한 왕대에 포함시켰다.

아울러 발해 전후의 역사도 포함시켰다. 발해가 한국사에서 차지하는 역사적 의미와 맥락을 정확하게 파악하기 위해서는 발해가 건국되기까지 과정과 멸망 이후 상황에 대한 이해가 동반되어야 하기 때문이다. 동시에 발해사의 한국사적 이해에만 치중하여 발해가 가진 국제적이고 개방적인 문화 능력과 태도를 축소하는 과오를 저지르지 않으려고 노력했다.

왕대력에 의한 발해사 서술이라는 새로운 시도가 자칫 지나친 추정과 설익은 해석을 끌어들이지 않았을까 하는 우려를 여전히 떨칠 수 없다. 모쪼록 독자 여러분의 질정을 부탁드린다.

발해 왕계표

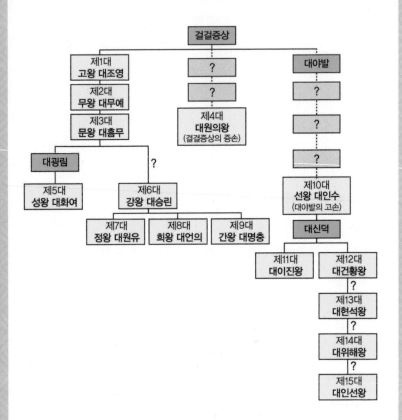

- 제6대 강왕의 경우 제3대 문왕의 아들[少子]이라 했으나, 강왕이 문왕의 아들이 아니라 손자라는 설도 있다. 왜냐하면 제10대 선왕 대인수를 대야발의 4대손이자 제9대 간왕 대명충의 종부(從父: 아버지의 형제)라고 하고 있어 친족관계가 서로 맞지 않기 때문이다. 그러나 정확한 사실을 확인하기 어려우므로 여기서는 강왕과 문왕의 관계를 유보적으로 표현했다. 제12대 대건황왕부터 제15대 대인선왕 시기 또한 역대 왕의 관계가 직계존속인지 명확하지 않다.

발해 건국의 전야

발해 건국은 고구려 멸망 이후 전개된 유민(遺民)들의 반당(反唐)운동이 이루어낸 결과였다. 따라서 발해를 제대로 이해하기 위해서는 고구려 멸망 후 숨 가쁘게 전개된 상황을 살펴볼 필요가 있다.

고구려는 당(唐)과 신라 연합에 의해 668년 멸망했다. 이후 당은 고구려의 옛 땅을 다스리기 위해 평양에 안동도호부(安東都護府)를 설치하고 669년에는 3만 8,000여 호에 달하는 고구려 유민을 당으로 끌고 갔다. 당시 끌려간 고구려인들은 대부분 고구려 내 유력 가문의 사람들이었는데 이들을 이주시킨 데는 고구려 부흥운동의 위험성을 사전에 차단하려는 목적이 있었다.

당은 강제로 끌고 간 고구려인들을 곳곳에 분산시켰다. 당의 수도였던 장안(長安) 지역에는 주로 왕족을 배치했고, 나머지 사람들 대부분은 고구려로부터 멀리 떨어진 오지 구석구석에까지 끌려가야만 했다. 최근 시안(西安: 장안의 현재 지명)과 뤄양(洛陽)에서 고구려 유민의 묘지명(墓誌銘)이 발굴되면서 이들의 이후 행적에 대한 연구가 활발하다.

하지만 이러한 당의 정책에 대한 고구려인의 저항은 완강했다. 비록 내분으로 실패하긴 했으나 고구려 지역에서는 670년 안승(安勝)이 검모잠(劍牟岑)과 함께 부흥운동을 일으켰다. 안승은 신라로 망명했으며 신라 왕은 그를 보덕왕(報德王)에 봉했고 이후 유민들은 신라의 대당(對唐) 전쟁에 합류했다. 이에 위협을 느낀 당은 고구려 옛 지역을 다스리고자 평양에 두었던 안동동호부를 신성(新城: 현재의 랴오닝성遼寧省 푸순撫順 서쪽)으로 옮겼다.

랴오둥(遼東) 지역에서도 당에 대한 저항은 거셌다. 『삼국사기(三國史記)』에 나타난 기록만 보더라도 669년이 되어서까지 당에 항복하지 않고 저항이 일어나고 있었다. 결국 당은 676년 안동도호부를 다시 랴오둥으로 옮기고, 677년에는 장안까지 끌고 갔던 보장왕(寶藏王)을 도로 랴오둥으로 오게하여 '요동주도독 조선왕(遼東州都督朝鮮王)'으로 책봉하여 저항 세력을 무마하는 데 급급했다.

하지만 보장왕은 그곳에서 고구려 유민과 말갈(靺鞨)을 연합하여 부흥운동을 도모했다. 이에 당은 다시 보장왕과 고구려 유민을 당 내지로 이주시키고 말았다. 보장왕이 죽자 아들인 고덕무(高德武)를 안동도독(安東都督)으로 삼고 손자인 고보원(高寶元)을 '조선군왕(朝鮮郡王)'으로 삼아 랴오둥 지역을 비롯한 각지의 고구려인을 지배하기 위한 궁리를 강구했다. 이러한 일련의 사건은 고구려 지역에 대한 당의 지배가 순조롭게 진행되지 못하고 각처에서 저항에 직면하고 있었음을 말해준다.

발해 건국의 시발지라 할 수 있는 영주(營州) 지역은 당의 이민족 지배의 복잡한 정세가 집약된 곳이었다. 영주는 랴오허(遼河) 서쪽의 다링허(大凌河) 상류 지대로 오늘날의 차오양(朝陽)에 해당한다. 이 지역에는 7세기 이후 당에 복속된 여러 집단이 강제 이주되었고 당은 영주도독부(營州都督府)를 두어 이주시킨 사람들을 기미주(羈縻州)로 편성하여 다스리고 있었다. 한편 고구려 유민의 이동 과정에서 보면 이 지역은 고구려 멸망 후 고구려 땅에서 당으로 끌려가면서 들렀던 곳일 뿐 아니라 보장왕 일행이 장안에서 다시 랴오둥으로 옮겨 올 때도 지나쳤던 곳이다. 즉 당에서 랴오둥 그리고 한반도로 이동하는 경로의 주요 경유지였다. 『구당서(舊

唐書)』에는 대조영(大祚榮)이 고구려가 멸망하자 그의 가속을 거느리고 영주로 이사했다고 기록하고 있는데, 이로 보아 당시 영주 지역에는 당 내지로 가지 않고 거주하는 고구려 유민들이 상당수 있었을 것으로 짐작된다. 뿐만 아니라 이 지역에는 당에 의해 국가나 소속 집단이 와해되면서 강제 이주당한 여러 민족이 한데 거주하고 있었다. 이들에 대한 당의 정책은 가혹하여 영주 거주민들은 한결같이 당에 대한 불만과 나라를 잃은 극심한 상실감을 품고 있었다. 따라서 영주는 특정한 계기만 주어진다면 언제든 대대적인 반당 움직임이 불붙을 수 있는 전운이 감도는 지역이었다. 일촉즉발의 영주 지역 상황은 날이 갈수록 악화되었다. 급기야 696년에는 거듭되는 가뭄 때문에 영주 거주민은 극심한 궁핍에 시달렸고 거기다 영주도독 조홰(趙翽)의 수탈과 학정은 도를 더해갔다.

이때 포문을 연 것은 송막도독(松漠都督)이던 거란(契丹) 장수 이진충(李盡忠)이었다. 때마침 이진충 휘하의 젊은 장수가 조홰를 찾아가 구휼을 요청했지만 혹형을 받아 죽음 직전에 이르는 사건이 발생했다. 이에 이진충은 거란족 출신의 귀성주자사(歸誠州刺史) 손만영(孫萬榮)과 손을 잡고 군사를 일으켜 영주도독 조홰를 살해하고 영주성을 점령했다. 반란군은 영주성뿐 아니라 주변 여러 성을 점령했고 10여 일 만에 반란군을 따르는 무리는 수만 명에 이르렀다.

격노한 측천무후(則天武后)는 이진충을 이진'멸(滅)', 손만 영을 손만'참(斬)'이라 칭하며 28명의 장수를 보내 거란족을 토벌하도록 했다. 그러나 서쪽 국경을 돌파한 반란군의 기세 는 급격히 확대되어 696년 5월 말에는 이미 단주(檀州: 지금의 베이징 미윈密雲)까지 진격했고, 다시 8월경에는 허베이성(河 北省)까지 육박하여 당나라 군대를 거의 궤멸시켰다.

당혹한 측천무후는 모든 요구를 들어주는 조건으로 돌궐 (突厥)에 구원을 요청했다. 697년 4월 돌궐의 수장인 묵철가 한(默綴可汗: 카파간 카간Qapaghan Qaghan)이 영주를 기습 공략 했고 이 전투에서 이진충은 사망한다. 그러자 이진충을 뒤이 어 손만영이 거란족을 규합하여 당에 저항했고, 한때 17만 명의 당군을 물리치며 유주(幽州: 현재의 베이징)에까지 세력 이 미치기도 했다. 하지만 당과 돌궐이 연합한 토벌에 결국 손만영은 도주하다 부하에게 참수당했으며 이로써 이진충 의 난은 실패로 끝나고 말았다.

제1대 고왕 대조영

고왕 대조영(高王 大祚榮: 재위 698~719)은 발해를 세우고 국가의 기틀을 다진 군주다. 비록 그의 등장 과정에는 이견이 난무하지만, 고국 고구려가 망한 뒤 영주에서 거주하던 중 이진충으로부터 시작된 반당운동을 마중물 삼아 발해 건국이라는 위업을 이루어 한반도와 중국 동북방 그리고 러시아 연해주 일대까지 아우르며 한국사의 맥을 이은 인물임에는 틀림없다. 2003년 대한민국 해군이 건조한 4,400톤급 다목적 구축함에는 그의 이름이 붙여졌다. 충무공이순신함·문무대왕함에 이어 세 번째로 건조된 차세대 구축함 이름이 대조영함이라는 사실은 그가 한국사에 남긴 업적이 얼마나 지대한가를 보여주기에 충분하다. 고왕의 발해 건국은 영주에서 일어난 반당 움직임이 토벌되는 위기 상황에서 탁월한 판단력과 지도력이 일군 결실이었다.

천문령 전투와 발해의 건국

이진충의 난으로 영주 지역에서 당의 이민족 지배에 공백이 생기는 틈을 타 고구려 유민과 말갈인은 걸걸중상(乞乞 仲象: 대조영의 아버지)과 걸사비우(乞四比羽: 고구려에 복속되었던 말갈계 장수로 추정한다)의 지휘 아래 동쪽으로 이동하여 당의 지배로부터 벗어났다. 이들 집단이 혼란한 영주 지역에서 거란족이 주도한 반당 움직임에 편승하지 않고 그곳을 떠나 동쪽으로 이동했다는 점은 각별하다. 동쪽이 바로 옛 고구려 땅임을 감안하면, 이곳을 택했다는 것은 결코 우발적이거나 우연이 아니라고 봐야 마땅하다.

한편 서쪽 지역에서 거란족을 진압한 당은 걸걸중상을 진국공(震國公), 걸사비우를 허국공(許國公)으로 봉하여 이들 세력이 당에 협조하도록 회유했다. 하지만 걸사비우는 당의 제의를 거절했고, 측천무후는 거란족 출신 장수인 이해고(李楷固)를 앞세워 동쪽으로 피해 간 말갈족과 고구려 유민들

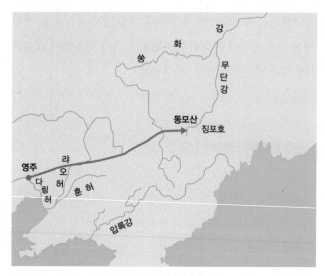

고왕 대조영의 이동 경로

을 추격하게 했다. 697년 걸사비우는 이해고에게 살해당하고 걸걸중상은 병사한다. 비록 기록에는 걸사비우가 책봉을 거부한 사실만 적고 있지만 그렇다고 걸걸중상이 책봉을 받아들였을 것 같지는 않다. 발해를 건국한 주도 세력이 걸걸중상과 그 아들 대조영이므로 의도적으로 책봉 거부 사실을 명확히 표현하지 않은 것이 아닐까 짐작된다. 어쨌든 이러한 위기 상황에서 대조영은 고구려 유민과 걸사비우의 남은 무리를 모아 천문령(天門嶺)으로 달아났다.

천문령은 오늘날 훈허(渾河)와 휘파허(輝發河)의 분수령인

창링쯔(長嶺子) 부근으로 추정된다. 대조영은 이곳에 정예 군사를 매복해두고 당군을 유인했다. 초반 승세에 기세가 오른 당군은 조금의 의심도 없이 도망하는 대조영 집단을 추격하여 천문령에 이르렀고 당군은 매복해 있던 대조영 군사들에 의해 포위되어 섬멸당하고 말았다. 이 전투에서 목숨을 잃은 당군은 수천 명에 달했고 이해고는 달아나 겨우 목숨만 부지했다. 천문령 전투의 승리는 당의 지배로부터 벗어나기를 갈망하던 고구려 유민과 말갈인의 의지가 이룬 승리였고 그것을 이끈 결정적 원동력은 대조영의 탁월한 정세 판단과 추진력이었다.

천문령 전투 승리 이후 대조영은 무리를 이끌고 다시 동쪽의 동모산(東牟山)으로 진군했다. 그리고 그곳에 성을 쌓고 건국의 터전을 잡았다. 발해 건국 과정을 기록한 『신당서(新唐書)』에는 "거란이 돌궐에 붙어 왕사(王師: 왕이 보낸 군사)의 길이 끊겨 그들을 치지 못했다"고 하고 있다. 이것이 발해 건국 집단을 토벌하지 못한 당의 입장에서 기술된 것임을 감안할 때, 대조영은 이러한 정세를 충분히 인식하고 당의 세력이 미치지 못하는 좀 더 안전한 지대로 동모산을 선택했음을 알 수 있다. 『구당서』에서는 이곳을 "계루의 옛 땅[桂樓之故地]"으로 기록하고 있는데 고구려의 옛 영토를 말한다(계루는 고구려 5부의 하나다. 태조왕太祖王 이래 계루부 고씨高氏

가 왕위를 세습했다. 따라서 여기서 계루는 고구려를 상징적으로 표현한 말이다).

동모산은 현재 지린성(吉林省) 둔화시(敦化市) 청샨즈촌(城山子村) 동쪽 해발 602미터인 성산자산성(城山子山城)이다. 동모산 동쪽 4킬로미터 지점에는 무단강(牡丹江)이 흐르고 산 북쪽을 낀 채 다스허(大石河: 사서에서는 오루하奧婁河로 기록)가 서에서 동으로 흐르고 있어 천연의 방어선을 이루고 있다. 오늘날 이곳에는 발해 건국 당시 이용된 주거지 터와 병사 훈련이 이루어졌을 법한 연병장 터가 확인되고 있어 당시의 급박하고 결연했던 정황을 느낄 수 있다.

이후 대조영의 용맹과 지략을 전해 들은 고구려 유민과 말갈인이 모여들었고, 마침내 대조영은 698년 나라를 세우고 이름을 진국이라 했다. 진국의 표기는 두 가지가 전한다. 『신당서』에서는 '震國'이라 표현했으나 『구당서』와 『책부원귀(冊府元龜)』 등에서는 '振國'이라 표기했다. 전자는 불교 용어로 '동방'을 뜻하는 반면, 후자는 '떨쳐 일어나다'를 뜻한다. 이런 의미 차이를 고려해보면 발해가 당초 '振國'이라 했던 것을 당이 자신들 관점에서 동쪽 나라라는 의미인 '震國'으로 바꾸어 표기했을 가능성을 배제할 수 없다.

앞에서도 언급했듯이 고왕 대조영이 동쪽으로 이동하여 고구려의 옛 땅인 동모산에서 건국했다는 사실은 그 의미가 각별하다. 고왕은 고구려 유민과 그 땅을 기반으로 고구려의 웅혼한 기백과 화려한 위업을 다시금 떨치고자 했던 것이 아닐까?

성산자산성 원경

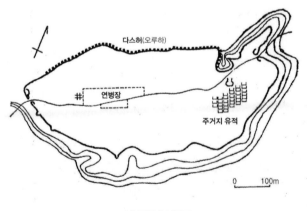

성산자산성 평면도

통치 기틀의 확립과 대외 관계의 정비

건국을 달성한 고왕은 돌궐과 국교를 맺고 신라와도 통교하여 대외 안전망을 마련하고 간접적으로 당을 압박했다.

동시에 고왕은 고구려 옛 땅에 대한 확장을 도모했다. 영토 확장에 대한 자세한 정황은 확인하기 어렵지만 『구당서』에서 당시 발해는 영주의 동쪽 2,000리에 있으며 "남으로는 신라와 접하고 [북으로는] 월희말갈(越憙靺鞨)의 동북[에 있는] 흑수말갈(黑水靺鞨)까지 이르러 사방 2,000리에 달하며 편호는 10여 만, 승병은 수만에 이르렀다"고 한다. 또 『신당서』에서는 "부여(扶餘)·옥저(沃沮)·변한(弁韓)·조선(朝鮮)·해북(海北)의 여러 나라를 모두 얻었다"고 전한다. 여기서 '해(海)'는 지금의 중국과 러시아 접경지인 싱카이(興凱) 호수를 가리키는 것으로, 그 일대에 있는 말갈 여러 부족에 영향력을 행사할 정도로 기반을 마련했음을 알 수 있다.

이렇게 고왕이 발해의 기반을 확장해가고 있을 무렵, 당에서는 측천무후가 죽고 중종(中宗)이 즉위했다. 중종은 측천무후와는 달리 705년(고왕 8)에 장행급(張行岌)을 파견하여 정식으로 통교를 요청해 왔다. 기미주를 두어 주변 민족을 통치하던 방식은 이미 한계를 맞이하고 있었다. 거기다 거란 토벌 후 강성해지고 있는 돌궐에 대한 부담이 컸고, 거란·해

(奚: 몽골고원과 중국 둥베이지방東北地方에서 활동했던 북방 유목민족의 한 갈래) 등의 흥기 가능성 또한 배제할 수 없었던 당으로서는 발해와 대립을 지속할 수 없었을 것이다. 건국 초기의 불완전한 통치 체제를 굳혀나가야 했던 고왕도 당과 대립은 부담스러웠기에 양국은 상호 필요에 의해 관계 개선을 모색했다. 당이 사신을 파견하자 고왕 역시 자신의 둘째 아들인 대문예(大門藝)를 숙위(宿衛: 왕자 등을 당에 보내 머물게 한 제도. 숙위자들은 주로 정치·외교나 문물 교류 분야의 중요한 역할을 담당했다)로 파견했다.

713년(고왕 16)에 당은 다시 최흔(崔忻)을 파견하여 고왕 대조영을 '발해군왕(渤海郡王)'으로 책봉했다. 이로부터 말갈이라는 이름을 버리고 발해라는 국호가 사용되기 시작했다고 전하는데, 이는 『신당서』에 언급된 내용에 불과하다. 당시 발해가 스스로를 말갈이라 칭했다는 사실은 어느 곳에서도 확인되지 않으며, 책봉을 받은 뒤 발해가 스스로 진국이라는 이름을 버리고 발해라고 칭했는지 여부 또한 정확하게 말해주는 기록은 없다. 다만 당이 말갈이 아닌 발해라는 정식 호칭을 붙였다는 것을 말해줄 따름이다. 그리고 이 사실은 발해가 자주 독립국가라는 것을 당 스스로 인정했음을 보여준다.

제2대 무왕 대무예

　무왕 대무예(武王 大武藝: 재위 719~737)는 고왕의 첫째 아들로 719년(무왕 1) 3월 고왕이 죽자 왕위를 계승했다. 713년에 당이 고왕을 '발해군왕'으로 책봉할 당시 이미 대무예는 '계루군왕(桂婁郡王)'으로 책봉되었는데 이로 보아 고왕 때부터 통치력을 확보했음을 알 수 있다. 그는 '인안(仁安)'이라는 독자 연호(年號)를 세우고 영토를 크게 넓히는 등 발해의 기틀을 튼튼히 했다.

　확대되는 발해의 대외 위상은 당에 위협을 주기에 충분했다. 결국 이를 제어하려는 당과 갈등은 무왕이 돌파해야만 하는 필연적 과제로 등장했다. 당은 흑수말갈을 이용하여 발해를 압박해 왔다.

당의 견제와 무왕의 강경책

흑수말갈은 말갈 여러 부족 중 하나로 발해 동북 지역에 거주하고 있었다. 발해가 이 지역을 완전히 장악하고 있었는지는 불투명하지만, 흑수말갈이 돌궐이나 당과 통교할 경우 발해를 통해 추진했다는 사실로 보아 발해의 영향력이 미치고 있었음은 틀림없다.

그런데 722년(무왕 4) 흑수말갈은 독자적으로 당나라에 예속리계(倪屬利稽)를 사신으로 보내 조공했고, 당은 725년(무왕 7) 그 지역에 흑수부(黑水部)를 설치하고 장사(長史)라는 당의 관리를 파견하여 관할하도록 했다. 728년에는 흑수말갈 추장인 예속리계에게 이헌성(李獻誠)이라는 이름을 하사하고 '운마장군흑수경략사(雲麾將軍黑水經略使)'로 책봉하여 유주도독(幽州都督)의 감독을 받게 했다

무왕은 이러한 일련의 사태를 당과 흑수말갈이 공모하여 앞뒤에서 발해를 압박하려는 조치라 판단하고 726년(무왕 8) 전면 공격에 돌입했다. 무왕은 동생 대문예(大門藝)와 외숙 임아(任雅)에게 군대를 일으켜 흑수말갈을 공격하게 했는

데 이는 흑수에 대한 응징이자 당에 대한 도전이었다. 하지만 숙위로서 당에 머문 경험이 있는 대문예는 당의 노여움을 사 멸망한 고구려와 같은 운명에 빠질 것이라는 이유를 내세우면서 무왕의 명령에 따르지 않았다. 무왕은 대문예의 항명에 크게 화를 내며 종형(從兄) 대일하(大壹夏)로 지휘관을 교체하고 대문예를 소환하여 죽이려 했다. 이에 대문예는 당으로 망명했고 당은 대문예에게 좌효위장군(佐驍衛將軍)이라는 관직을 주었다.

무왕은 급히 당에 마문궤(馬文軌)를 파견하여 대문예의 죄상을 이르고 죽여줄 것을 요청했다. 하지만 당은 오히려 대문예를 안서(安西: 현재의 신장웨이우얼자치구新疆維吾爾自治區 일대) 지역으로 피신시키고 무왕에게 형제간의 우애를 지키지 못함을 타일렀다.

격분한 무왕은 마침내 732년(무왕 14) 장군 장문휴(張文休)를 보내 당의 등주(登州: 현재의 산둥성山東省 펑라이蓬萊)를 공격하여 등주자사(登州刺史) 위준(韋俊)을 죽였다. 등주 지역은 해상 교통의 요지로 한(漢)의 고조선 침공이나 수(隋)와 당의 고구려 침공 때 주요 거점이 되었던 곳이다. 따라서 무왕이 선제 공격지로 등주를 지목한 것은 요충지를 타격함으로써 당의 주의를 환기시키는 동시에 발해의 대외 위상을 인근 국에 보여주는 효과를 노린 것이었다.

등주성 전경

급습을 받은 당은 발해를 응징하기 위해 대내외로 군사를 동원했다. 안으로는 좌령군장군(左領軍將軍) 개복순(蓋福順)에게 군사를 일으켜 토벌하게 하는 한편, 대문예를 유주(幽州: 현재의 베이징)로 보내 발해를 치게 했다. 동시에 당에 와 있던 신라인 김사란(金思蘭)를 귀국시켜서 신라로 하여금 발해 남쪽을 공격하도록 했다. 신라 또한 이를 기회로 고구려 옛 지역에 대한 통치권을 확보할 수 있다는 판단 아래 당의 요청에 응했다. 당시 성덕왕(聖德王)은 김유신(金庾信)의 손자인 김윤중(金允中)에게 3만 명의 군사를 동원하여 발해의 후방을 공격하게 했다.

이처럼 당은 직접 공격만이 아니라 발해 내 친당 세력과 반당 세력 간의 대립, 발해와 신라의 대립을 이용하여 전방위로 발해를 압박했다. 당시 범양(范陽: 현재의 베이징과 허베이 성河北省 일대)과 신라에서 동원된 병사가 10만 명에 이르렀다고 하나 발해를 억누르려던 당의 계획은 이렇다 할 성과를 거두지 못했다. 특히 출정했던 신라 군대는 폭설을 만나 길이 막혀 뜻을 이루지 못했다고 전하는데, 처음부터 당을 지원한다는 명목상 제스처였을 뿐 적극 공격 의사가 없었던 것인지도 모른다.

무왕은 당과 전쟁을 치르는 가운데 대문예를 암살하기 위해 자객을 파견했으며, 거란이 당과 전쟁을 벌이던 마도산(馬都山) 전투에 참가하기도 했다. 마도산은 랴오둥의 길목으로, 이 전투에 참가함으로써 당 조정에 타격을 주고 대문예 처리를 둘러싼 불편한 심기를 전하고자 했던 것이다. 대문예 암살은 실패로 돌아갔지만, 이후 대문예가 발해로 돌아오지 못하고 당에서 망명 생활을 마감했으니 무왕의 의지가 얼마나 결연했는지 짐작할 수 있다.

대외 관계의 정비

당과 결전으로 대내외 통치 체제를 확고히 하는 가운데 무왕은 727년(무왕 9) 고인의(高仁義)를 대사로 하는 사신단을 일본에 파견하여 일본과 국교를 개시했다. 무왕이 일본을 주목한 것은 당과 대립 상황에서 우호 세력을 형성하려는 취지였다는 점은 부정할 수 없다. 그렇지만 단순한 정치적·군사적 동맹만이 아니라 일본과 교역·교섭을 통해 자국의 대외 위상을 또한 한층 강화했다. 당시 무왕이 일본에 보낸 국서에는 "발해국은 고[구]려의 옛 영토를 회복하고 부여 이래의 오랜 전통을 이어받았다"고 명시하여, 발해가 고구려와 부여를 계승한 나라로 이미 그 영토를 회복했다는 자신감을 분명히 전하고 있다. 그러나 이 사신단은 일본 도후쿠 지방(東北地方) 데와(出羽: 현재의 아키타현秋田縣 일원)에 도착했고 그 지방 토착민인 에미시족(蝦夷族)에 의해 고인의 이하 16명이 살해되고 말았다.

일본의 쇼무천황(聖武天皇)은 고제덕(高齊德)을 비롯한 살아남은 일행을 환대했으며 그들의 귀국길에 히키타무시마로(引田虫麻呂)를 송사(送使)로 동행하도록 했다. 당시 일본은 다이호(大寶) 율령을 완성한 후 스스로를 소중화(小中華)로 인식하고 신라에 대해 화이(華夷) 질서를 강요했지만 신라가 이를 수용할 리 만무해 마찰을 겪고 있었다. 이러한 때 자국을 찾아와준 발해 사신단이 일본으로서는 더할 나위 없이 반갑고 고마운 존재였을 것이다. 무왕의 대일 교섭이 성공적 성과를 거둔 것은 당연한 결과였다.

한편 무왕의 대당 정책은 강경일변도로 지속되지만은 않았다. 735년(무왕 17)을 전후로 돌궐 세력이 붕괴하고 거란과 해(奚)는 다시 당에 복속되어 발해의 배후 세력이 와해되었다. 또 같은 해 2월 당이 신라에 패강(浿江: 현재의 대동강) 이남을 인정함으로써 양국 관계가 급속하게 긴밀해지고 있었다. 이러한 대외 정세 변화를 감지한 무왕은 736년(무왕 18) 대변(大蕃)을 파견하여 숙위 교체를 요구하고, 다시 대무경(大茂慶)을 파견하여 돌궐이 원군을 요청해 온 사실을 전하면서 당과 화해를 도모했다. 이에 당은 대문예 암살 사건 즈음에 파견되었다가 유배되었던 대낭아(大郎雅)를 귀국시키고 발해와 당의 전쟁 당시 붙잡혔던 전쟁포로도 귀환시켰다. 이로써 발해와 당은 대립과 갈등을 청산하고 우호와 협력 관계를 구축하게 된다.

이러한 무왕의 대당 정책 전환은 대외 정세에 대한 면밀한 판단과 등주 공격, 마도산 전투 참가, 대일 통교 등을 통해 형성된 대외적 위상에 대한 자신감이 있었기에 가능했던 것이라 하겠다.

무왕은 이듬해 737년(무왕 19) 사망했다. '武王'이라는 시호(諡號)에서 보듯 그는 군사력을 강화하고 대외 확장을 추진했으며 이를 견제하려는 당의 획책에 정면 승부로 대응하면서 발해의 대내외 위상을 확립했다. 무왕 대의 정황을 『신당서』에서는 "넓은 땅을 개척하여 동북의 여러 오랑캐들이 두려워하여 발해의 신하가 되었다"라고 기록하고 있다.

제3대 문왕 대흠무

무왕이 737년 사망하자 그의 아들인 문왕 대흠무(文王 大
欽茂: 재위 737~793)가 즉위했다. 연호를 '대흥(大興)'이라 했는
데 발해를 크게 번성시키고자 하는 그의 의지를 반영한 것
이라 하겠다.

문왕은 57년이라는 긴 기간을 통치하면서 무왕이 확보한
넓은 영역 위에 통치 기반을 안정화하고 국가의 위상을 제
고하는 데 주력했다.

통합과 화해를 통한 국가 발전 도모

737년 즉위와 함께 문왕이 가장 먼저 착수한 일은 대내외 통합이었다. 738년 6월 당에 사신을 파견하여 『당례(唐禮)』 『삼국지(三國志)』『진서(晉書)』『삼십육국춘추(三十六國春秋)』 등을 필사하도록 했다. 『당례』는 732년에 완성된 『대당개원 례(大唐開元禮)』를 의미하는 것으로 국가 통치를 위해 정비 한 5례(禮)를 말한다. 여기에는 통치 체제의 근본이 되는 율· 령·격·식(律·令·格·式)을 포함하고 있다. 완성된 지 6년이 채 되기도 전에 문왕이 이의 필사를 명한 것은 국내 통치 질 서를 정비하고자 하는 그의 의지가 얼마나 확고했는지를 짐 작하게 한다.

뿐만 아니라 그의 이러한 조치는 당과 원활한 관계를 모 색하고자 하는 의도가 포함된 것이었다. 이 시기 문왕은 국 내에 대사면을 내렸는데 아마 당시 사면자 중에는 대문예 를 지지하다가 숙청된 반왕파, 즉 무왕 대에 친당 노선을 견 지했던 인사들이 포함되었을 가능성이 높다. 이러한 일련의 조치는 무왕 대의 군사적 충돌과 대립을 일소하고 대내외적 으로 우호와 협력을 구축함으로써 발해 사회의 발전을 한층 제고하기 위한 것이었다. 이후 문왕은 재위 57년간 61회에 걸쳐 당에 사신을 파견했다.

동시에 일본과도 교류했다. 739년(문왕 3) 사신단을 파견했는데 대사 서요덕(胥要德)은 조난으로 익사하고 부사 이진몽(己珎蒙)과 그 일행이 임무를 수행했다. 당시 이들은 당에 와 있던 일본 견당사(遣唐使) 헤구리노히로나리(平群廣成)가 귀국 협조를 요청해 와 그를 일본 사행길에 동행하게 하여 무사 귀국을 알선했다. 이진몽 일행에 대해 일본은 활쏘기, 연주 등 성대한 연회를 열어주었고 귀국 시 송사를 파견하는 등 극진한 환대를 베풀었다.

중경 시대 개막으로 통치 기반 강화

문왕의 체제 정비 과정을 가장 상징적으로 보여주는 것은 바로 중경(中京) 천도라 할 수 있다. 문왕이 중경으로 천도한 시기는 정확하게 알 수 없으나 『신당서』에 천보 연간(天寶年間: 742~756)이라고 기록하고 있어 문왕 집권 전반기에 이루어진 것은 분명하다. 중경은 이름에서 보듯 중심이 되는 지역으로 더 넓고 교통이 편리하며 물자 유통이 원활한 곳이었다. 『신당서』에 기록된 발해 산물 중 중경 일대의 철과 포(布), 쌀이 언급되고 있는데 이는 모두 국가 기반을 구성하는 주요 산물들이다. 문왕은 국가 체제가 정비되고 국력이 증

대됨에 따라 그에 걸맞은 지역으로서 중경을 새로운 수도로 정했던 것이다.

중경은 현재의 지린성(吉林省) 허룽시(和龍市) 일대로 조선족자치주 지역을 망라한다. 문왕이 이곳을 수도로 지목한 것은 발해인의 자주성과 고구려 전통을 유지하면서 발해의 국력을 확장시킬 수 있다고 보았기 때문이다.

중경 서고성(西古城) 터에서는 연화문와당(蓮花紋瓦當)과

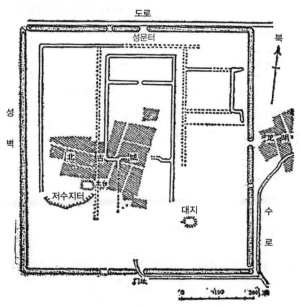

서고성 평면도

외성 북벽에서 바라본 서고성 전경

같이 고구려 성격을 보여주는 유물이 출토되었으며 인근에
는 왕족과 상층 귀족의 무덤이 발견되고 있다.

특히 용두산고분군(龍頭山古墳群)에는 정효공주묘(貞孝公
主墓)가 있다. 이 무덤에서 발견된 묘지석(墓誌石)에 따르면
정효공주는 문왕의 넷째 딸이었다. 굴식돌방무덤[橫穴式石室
墳]의 형식을 갖추고 있으며 무덤방과 무덤길의 벽에는 동·
서·북 세 벽에 무사·내시·악사·시종 등 12명의 인물이 그
려져 있다. 뿐만 아니라 인근의 M14묘에서 발굴된 금제관식
(金製冠飾)은 고구려 조우관(鳥羽冠: 새 깃털을 꽂은 관) 전통을
잇고 있다.

비록 중경이 도성으로 유지된 것은 14년 정도에 불과하지만 상경(上京) 천도 이후에도 왕실의 주요 인물들이 이곳에 안치된 것을 보면 상경 시대에도 여전히 중경을 특별한 지역으로 여기고 있었음을 알 수 있다. 문왕은 중경에서 단지 고구려 계승과 전통을 잇는 것에 그치지 않았으며 황제국으로서 발해를 준비해나가고 있었다.

안사의 난이라는 위기를 국가 위상 제고의 기회로

중경으로 천도한 후 새로운 도약을 준비하고 있던 문왕에게 뜻하지 않은 위기가 찾아왔다. 당나라 절도사(節度使) 안녹산(安祿山)이 그의 부하 사사명(史思明)과 함께 755년 12월 대규모 반란을 일으킨 것이다. 반란 초기 안녹산의 기세는 거침이 없었다. 뤄양을 점령하고 스스로 대연(大燕) 황제라 칭하면서 파죽지세로 세력을 확대했다. 당 현종(玄宗)은 장안을 빠져나와 피난길에 올랐고 안녹산은 곧바로 장안을 장악했다. 현종은 촉(蜀) 땅으로 들어갔고 그 아들 숙종(肅宗)이 황제에 올랐다. 이후 안녹산은 757년 아들 안경서(安慶緒)에 의해 피살당했지만 사사명이 다시 뤄양을 점령하여 혼란은 장기화되었다. 사사명 또한 아들 사조의(史朝義)에게 피살되고 763년까지 사조의 세력이 지속되었다. 하지만 사조의 역시 부하에게 배신당하면서 결국 자살하고 말았다. 이처럼 '안사(安史)의 난'은 755년부터 763년까지 9년에 가까운 기간 동안 당의 동북 지역 일대를 혼란으로 몰아넣었다. 당과 접경하고 있던 발해로서는 안사의 난에 의한 화가 직접 미칠 위험에 직면해 있었다.

이 시기 문왕은 상경으로 천도를 단행했다. 천도 시기는 정확하게 파악할 수 없지만, 천보(天寶: 742~756) 말년이라는 기록을 바탕으로 756년(문왕 20) 전후에 이루어진 것으로 볼 수 있다. 상경은 반란 세력과 떨어져 방어의 이점을 갖는 지역일 뿐 아니라, 당의 혼란을 틈타 번성할 수 있는 거란에 대한 방비를 겸할 수 있는 지역이기도 했다. 하지만 안사의 난을 상경 천도의 결정적 원인으로 보는 것은 신중을 요한다. 전란을 피해 한 나라의 수도 이전을 단행한다는 사실이 믿기 어렵거니와, 상경의 도성 규모와 구조를 보건대 급작스러운 판단으로 옮겨 간 후에 조성되었다고 보기에는 전체 구조가 완결성을 띠고 있기 때문이다. 따라서 안사의 난 이전부터 상경 천도를 구상하고 준비가 이루어지던 가운데 난이 발발하자 즉시 실행에 옮겼다고 보는 것이 타당하다.

문왕은 상경 천도와 함께 안사의 난이라는 혼란스러운 상황에서 나라의 안위를 지키는 일뿐 아니라 자국의 영향력을

확대하는 다각적인 외교 활동을 전개해나갔다. 당과 관계에
서는 아와 적이 수시로 뒤바뀌는 가운데 발생할 위기를 최
소화하기 위해 신중한 대응으로 일관했다. 반란 세력이 활
개 치던 758년(문왕 22), 당의 평로유후사(平盧留後事) 서귀도
(徐歸道)가 장원윤(張元潤)을 보내 반란 세력을 토벌하는 데
기병 4만 명을 지원해달라고 요청해 왔다. 문왕은 이에 대해
즉각 응하지 않고 장원윤을 붙잡아두었다. 얼마 지나지 않아
서귀도는 안녹산과 내통했고 그의 계략을 눈치 채고 공격해
온 안동도호(安東都護) 왕현지(王玄志)에 의해 결국 처형당했
다. 왕현지는 왕진의(王進義)를 발해에 보내 숙종이 이미 장
안으로 돌아왔고 현종은 별궁에 거주하고 있다고 전했다. 문
왕은 이번에도 왕진의를 붙잡아두고 직접 사신을 파견해 확
인했다. 이처럼 문왕은 주변에서 일어나는 반란의 소용돌이
에 잘못 휘말려 국가의 안위가 위험에 처하지 않도록 신중
하게 대응했다.

문왕의 이러한 처신은 당 조정으로부터 깊은 신뢰를 얻었
고, 당은 762년(문왕 26) 문왕을 '발해국왕(渤海國王)'으로 책
봉하고 검교태위(檢校太尉)를 제수했다. 안사의 난이 완전히
수습되기도 전에 국왕으로 추증했다는 것은 발해가 후방 세
력으로서 역할해준 데 대한 보은의 조치라 하겠다.

한편 일본에 대해서는 이러한 정황을 전하면서 자국의 영

향력과 현명한 대처를 과시하고 이를 일본에 인지시킴으로서 교섭의 우위를 선점했다. 이 시기 일본과 교류는 일본 측의 사신 파견으로 재개되었다. 758년(문왕 22) 2월경 오노타모리(小野田守)를 발해에 파견했고 이후 양국 간 교류는 일본의 적극적인 주선으로 쉼 없이 이어졌다. 오노타모리의 귀국길에 동행한 양승경(楊承慶)이 가져간 국서 내용을 보면 이때 일본의 사신 파견 목적은 쇼무천황(聖武天皇)의 사망을 알리고 조문사를 초빙하는 데 있었다.

문왕은 그 요청에 응해 조문 사절을 보냈다. 그러나 정작 그의 의도는 양승경을 통해 안사의 난이라는 위기 상황을 전하고 발해가 그 혼란에 얼마나 현명하게 대처해나갔는가를 전하는 데 있었다. 궁극적으로 일본 조정으로 하여금 대륙과 연계를 발해에 의존하도록 하는 상황을 유도했다.

이 소식을 접한 일본 조정은 그 화가 일본에까지 미칠지 모른다는 극도의 위기감을 느꼈고, 양승경의 귀국길에 우치쿠라쓰네젠(內藏全成)이 이끄는 송사단, 그리고 후지와라키요카와(藤原淸河: 752년 견당 대사로 당에 파견되었으나 귀항하던 중 베트남 일원에서 조난당해 당에 머물다가 755년에는 장안으로 되돌아가 당에서 비서감직을 수행하고 있었다. 후에 이름을 후지와라카와키요로 개명했다)를 안전하게 귀국시키는 역할을 맡은 고겐토(高元度)가 이끄는 견당사 일행을 함께 파견했다. 여기에 더해 일본 무희 11명을 동행시켰다.

759년(문왕 23) 10월, 우치쿠라쓰네젠 송사단만이 발해사(渤海使) 고남신(高南申)과 함께 일본에 도착한다. 고겐토 일행 중 11명은 안사의 난이 극심했기 때문에 발해에 남아 당으로 갈 시기를 기다리고 있었으며 우치쿠라쓰네젠 일행만 본국으로 되돌아왔던 것이다.

결국 고겐토 일행은 발해의 견당 사신과 함께 입당했다가 761년(문왕 25) 8월에 귀국한다. 이때 고겐토는 당으로부터 화살 제조를 위한 소뿔을 지원해줄 것을 요청받았다. 이후 일본 내에서는 7,800쌍의 소뿔을 수집했으나 당으로 전하지는 못했던 것 같다.

이 과정에서 문왕의 용의주도한 행보가 돋보인다. 군사 지원 요청에 대해서는 시간을 벌어가면서 자세한 정황을 살피고 어느 쪽도 편들지 않는 중립적 자세를 취하는 한편, 당에 대한 지원 부담은 일본 사신의 파견을 도와주고 당의 군비 재료를 지원하도록 알선하여 간접적으로 해결했다. 761년 10월, 일본은 또다시 고마노오야마(高麗大山)를 발해에 파견했고 문왕은 이듬해 10월 발해사 왕신복(王新福)을 파견했다. 왕신복 일행이 일본에 체류하는 동안 도다이지(東大寺)를 방문한 사실이 도다이지 쇼소인(正倉院)에 소장된 「악구궐실병출납장(樂具闕失幷出納帳)」에 기록되어 있다.

이처럼 762년(문왕 26)까지 발해와 일본의 교섭은 단절 없이 지속된다. 대부분은 일본 측이 발해에 사신을 보내 발해사를 일본에 초대해 가고, 다시 발해 사신의 귀국길에 일본 송사가 동행하는 형태가 반복된다.

양국 관계가 이렇게 긴밀하게 이루어진 배경을 둘러싸고 일본 학계에서는 다음과 같이 해석해왔다. 즉 당시 일본이 신라를 침공하고자 했으며 이 계획에 발해를 동참시키고자 활발한 교섭을 추진했던 것이며 발해 또한 이에 동의하고 협조를 했다는 것이다.

문왕이 계속되는 일본의 교섭에 응하면서 사신을 보내기는 했지만 과연 일본과 함께 신라를 침공하려 했을까? 이에 동의하기에는 여러 면에서 석연찮은 점이 있다. 우선 발해가 무왕 시절의 대립을 끝내고 당나라 그리고 신라와 화평을 이루고 있던 때, 멀리 떨어진 일본과 연합하여 그 국가들과 갈등을 유발하는 것은 여러모로 보아 자충수다. 발해가 그러한 어리석은 판단을 했을 리 만무하다.

여기에다 당시 일본 조정이 과연 신라 침공을 실천으로 옮길 수 있었을지도 의문이다. 무엇보다 일본은 당의 한반도 침공과 백제 부흥군을 돕고자 참전했던 백촌강(白村江) 전투의 실패를 경험한 바 있었으며, 안사의 난에 따른 위기가 전화될 것을 몹시 우려하고 있었다. 이러한 국면에서 바다를 건너 원정을 단행하는 것은 무리가 아닐 수 없다. 따라서 신라 침공 계획은 당시 집권하고 있는 후지와라나카마로(藤原仲麻呂)가 정권 위기를 타개하기 위해 내건 정치적 퍼포먼스에 불과하다고 보는 것이 타당하다.

그렇다면 이러한 일본의 정황과 후지와라나카마로의 야심을 알면서 문왕이 계속 사신 초빙에 응한 이유는 무엇일까? 문왕은 과연 양국의 교류를 통해 무엇을 얻고자 했던 것일까? 우선 발해는 안사의 난에 대한 생생한 정보를 전하고 일본 견당사의 무사 귀국을 알선해줌으로써 일본의 대외적 관심을 발해 쪽으로 돌려놓을 수 있었다. 아울러 안사의 난이라는 혼란 정국 속에서 고겐토의 입당을 알선하고 당은 또 그를 통해 화살 제조에 필요한 소뿔 지원을 약속받았는데 궁극적으로 이러한 성과는 발해의 공으로 되돌아왔을 것이다. 이로써 발해는 동아시아 외교에서 유능한 조정자 위치를 선점하고 양국 교섭에서 우위를 차지하는 성과를 얻을 수 있었다.

제도의 정비

문왕은 안으로 중앙관제를 비롯한 다양한 통치 체제를 정

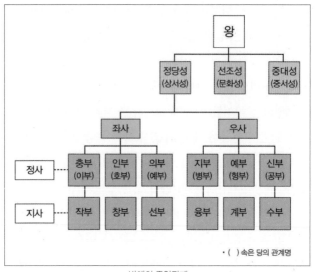

발해의 중앙관제

비했다. 발해의 중앙제도는 당의 3성6부제(三省六部制)를 모방했지만 명칭이나 운영 면에서 발해만의 독자성을 보이고 있다.

우선 3성을 보면 당의 문하성(門下省)·중서성(中書省)·상서성(尙書省)과 달리 발해는 정당성(政堂省)·선조성(宣詔省)·중대성(中臺省)으로 칭하고 있으며, 최고 권력기구인 정당성 아래 좌사정(左司政)과 우사정(右司政)을 두고 그 아래 6사(六司)를 두었다. 좌6사(左六司)에는 정사(正司)인 충부(忠部)·인부(仁部)·의부(義部) 외에 지사(支司)인 작부(爵部)·창부(倉

部)·선부(膳部)가 있으며, 우6사(右六司)에는 정사인 지부(智部)·예부(禮部)·신부(信部) 외에 지사로 융부(戎部)·계부(計部)·수부(水部)를 두었다. 그 밖에 주자감(冑子監)을 설립하여 왕과 귀족의 자제들을 교육시켰으며, 문적원(文籍院)을 두어 문서를 관리하는 등 유교 이념에 입각한 내치에 힘썼다.

아울러 광대한 영토와 다양한 종족으로 이루어진 주민을 통치하기 위한 지방 통치 체제도 갖추어나갔는데, 이는 일본 측에 남아 있는 기록으로 유추해볼 수 있다. 예컨대 759년(문왕 23) 파견된 고남신의 관직명은 보국대장군 압아관 현도주자사(輔國大將軍 押衙官 玄兎州刺史)로서 '장군명+관직명+지역명(고구려식)+주+자사'로 구성되어 있다. 즉 고구려의 성곽 중심 체제를 기본으로 하여 주 등을 지방행정 단위로 삼고 도독이나 자사를 파견하되 이들이 군사권까지 함께 행사하도록 했음을 알 수 있다. 이처럼 문왕 대에 이르러 부·주·현(府·州·縣) 등의 기본 체제가 정비되었고 군사제도 또한 한층 정비되어 10위(十衛)제도가 마련되었던 것이다.

나아가 문왕은 광대한 영토를 효과적으로 다스리기 위해 정치적·경제적·군사적 거점이 되는 주요 지역에 5경(五京)을 설치했다. 5경은 상경(上京: 현재의 헤이룽장성黑龍江省 닝안시寧安市 상경성), 중경(中京: 현재의 지린성吉林省 허룽시和龍市 서고성), 동경(東京: 현재의 지린성 훈춘시琿春市 팔련성八連城), 서경

(西京: 현재의 지린성 린장시臨江市 시가지 일대로 추정하나 정확한 위치 미확인), 남경(南京: 현재의 함경남도 북청시 청해토성靑海土城 일대)이다.

상경성 위성사진

오봉루에서 본 상경용천부 제1궁전터 전경

중경 서고성 북벽(서-동)

동경 팔련성 전경(북-남)

서경 소재지로 추정되는 린장시 팔대가

남경 청해토성 성벽

5경의 정비와 함께 주변 여러 나라를 연결하는 5개의 대외 교통로가 개발되었다. 서경압록부(西京鴨綠府)를 지나 당의 장안으로 가는 조공도(朝貢道), 장령부(長嶺府)를 지나는 영주도(營州道), 동경용원부(東京龍原府)를 지나는 일본도(日本道), 남경남해부(南京南海府)를 지나는 신라도(新羅道), 부여부(扶餘府)를 지나는 거란도(契丹道)다. 조공도나 영주도는 당과 교류가 시작된 고왕 초기부터 이용되었을 것이며, 그 밖의 교통로는 5경제도가 마련되고 일본·신라 등과 교류가 이루어진 문왕 대에 완비되었을 것으로 본다.

대내외적으로 황제국을 표방

문왕은 재위 기간 동안 6차례에 걸쳐 높은 책봉을 받았는데 이는 전례가 없는 일이었다. 특히 안사의 난이 끝나갈 무렵인 762년(문왕 26)에는 '발해군왕'에서 '발해국왕'으로 승격되었다. 비록 명목상이긴 하지만 문왕 대에 와서 국제적 위상이 한층 높아졌다는 점을 보여준다.

안으로 문물을 정비하고 밖으로 국가의 위상을 드높인 문왕은 자신을 중국 황제에 버금가는 군주로, 발해를 황제국으로 인식했으며 이를 대내외에 공포했다. 이러한 문왕의 인식은 여러 부분에서 확인된다.

먼저 774년(문왕 38)에는 연호를 '대흥'에서 '보력(寶曆)'으로 개칭했다. 보력이란 원래 천자가 백성에게 달력을 내리는 행위를 일컫는 말로, 문왕이 이를 연호로 정했다는 것은 스스로 천자에 버금가는 황제의 입지를 갖추었다는 자신감을 내세운 것이라 하겠다.

뿐만 아니라 문왕은 대흥보력금륜성법대왕(大興寶曆金輪聖法大王)이라 칭했다. 이는 1948년에 발굴된 정혜공주묘(貞惠公主墓) 묘지(墓誌)에 등장한다. 정혜공주는 문왕의 둘째 딸로 777년(문왕 41년) 사망했는데 이 묘지에는 정혜공주의 일생을 서술하고 그녀를 애도하는 내용을 담고 있다. 묘지 서술 속 금륜왕이란 용어는 불교의 전륜성왕(轉輪聖王) 사상에서 나온 것으로 금륜왕은 불법(佛法)으로 세상을 통치하는 가장 이상적인 군주다. 문왕이 자신을 금륜왕으로 칭하고 있다는 것은 영토 확장과 문물 정비의 기반 위에 발해를 이상적인 국가로 발전시켰다는 자신감을 표방한 것이라 하겠다. 뿐만 아니라 이 묘지에서는 문왕에 대해 '황상(皇上)'이라 부르고 있어 이미 발해 내에서 문왕은 왕의 지위를 넘어서 황제로 인식되고 있었음을 알 수 있다.

이러한 자신감은 대일본 외교에서 더욱 극명하게 드러난다. 771년(문왕 35) 문왕은 일만복(壹萬福)을 일본에 파견했다.

그때 보낸 국서에서 발해 왕실을 천손(天孫)이라 했으며, 발해와 일본의 관계를 '구생(舅甥)'이라 하여 자신은 장인이고 일본 왕은 사위라는 상징적 관계로 표현했다. 스스로 하늘의 자손임을 과시한 것은 강대국 고구려의 계승 국가로서 고구려 건국신화에서 표방했던 절대적 신성성을 이어나가고 있다는 자신감과 그에 따른 독자적 천하관과 대외 질서를 천명한 것이라 하겠다. 이는 자신을 금륜왕이라 칭한 것과 일맥상통한다.

하지만 일만복이 가져간 국서에 대해 일본 조정은 극심하게 반발했고, 이어 773년(문왕 37)에 파견된 오수불(烏須弗) 일행에게 쓰쿠시도(筑紫道: 일본 본토 최남단 섬인 규슈九州 지방으로 가는 길)를 이용할 것을 당부하고 나섰다. 즉 규슈 다자이후(大宰府: 7세기 말 현재의 규슈 후쿠오카현福岡県에 설치한 지방행정기관. 외교와 방위 업무를 주로 하면서 규슈 일대의 행정과 사법까지 관장했다)를 거쳐 입국하기를 원했던 것이다. 그러자 문왕은 일본 조정의 요청을 일부 받아들이면서도 양국 외교를 자신의 구미에 맞게 재편하고 주도적으로 교섭을 추진했다. 예를 들어 777년(문왕 41년) 사도몽(史都蒙)을 대사로 삼아 사신단 141명을 보냈으나 조난으로 겨우 46명만 살아남았는데, 이들은 일본 조정의 환대에도 불구하고 추가 답례품을 비롯한 특별한 예우를 요구했다. 일본 조정은 사소한 트집을 일삼고 불편한 심기를 내비치곤 했지만, 발해에 그다지 비중 있는 고려 대상이 아니었던 것이다.

집권 말기의 한계

하지만 집권 후반기로 접어들면서 문왕은 일정한 정치적 한계를 맞이했다. 57년에 달하는 오랜 재위로 연로했고, 자신의 보위를 이을 세자 대굉림(大宏臨)마저 사망하면서 정책 추진의 동력을 잃었을 것으로 짐작된다.

동경(東京)으로 다시 한 번 천도한 것은 바로 이러한 위기를 뚫고 새로운 쇄신을 하기 위한 개혁이었다. 기록에 정원(貞元) 연간에 동경으로 도읍을 옮겼다고 전하므로 785년에서 805년 사이다.

그 정황을 간접으로 엿볼 만한 것이 정효공주묘 묘지의 표현이다. 이 묘지는 앞에서 언급했던 정혜공주묘 묘지와 거의 유사한 내용이나 미세하게 표현의 차이를 보인다. 정효공주는 문왕 말기인 792년(문왕 56)에 사망했는데 이 묘지에는 '황상(皇上)'이라는 용어와 '대왕(大王)'이라는 용어가 혼용되고 있다. 이로 보아 황제국으로서 당당한 기세가 다소 후퇴한 느낌을 준다. 뿐만 아니라 문왕은 '보력'이라는 연호를 사용하다가 다시 '대흥'이라는 연호로 복귀했는데 이 또한 강력한 개혁의 동력이 약화되었음을 간접적으로 보여주는 것이라 하겠다. 이즈음인 790년(문왕 54) 신라가 일길찬(一吉湌) 백어(伯魚)를 북국(北國: 발해를 가리키는 용어)에 사신으로 파견했다는 사실은 흥미롭다. 관련 기록이 적어서 과도한 상상을 하는 것인지 모르지만, 발해와 신라 양국은 대내외적으로 활발한 행보를 전개할 때는 서로 소원하거나 갈등하다가도 일정한 위기나 어려움에 처할 때는 서로 교류하며 지원하는 양상을 보이기 때문이다.

문왕은 일본과 대외 교섭을 적극 추진함으로써 집권 상황을 쇄신하고자 했다. 786년(문왕 50) 일본에 파견된 이원태(李元泰) 일행은 앞서 일본이 쓰쿠시의 길을 강권했음에도 불구하고 다시 도호쿠지방 데와로 향했다. 비록 조난과 에미시족의 습격으로 인한 피살의 어려움을 겪긴 했지만 그들의 귀국길에 일본 실무진이 동행하게 된다. 일본의 요청에 순순히 응하지 않았으나 일본으로 하여금 실무진을 보내지 않을 수없게 만든 각별한 사정이 있었던 것이다. 이로 보아 발해 주도로 양국 교류를 이끌어가려는 문왕의 의지가 반영되었던 듯하다.

비록 이 파견이 문왕 대의 마지막 일본 사행이었지만, 강왕(康王) 대에 이르러 발해 의도에 따라 양국 교류를 재편해

나가는 기반을 확보했다는 점에서 의미가 크다(이는 뒤에서 더 자세히 살펴본다).

당과 교류는 동경 시대에도 활발했다. 791년(문왕 55)에는 대상청(大常淸)을 파견했는데, 그는 당의 궁중 업무를 담당하는 장관직 벼슬을 받았다. 791년과 794년에는 문왕의 아들인 대정한(大貞翰)과 대청윤(大淸允)을 각각 당에 파견했다.

57년이라는 긴 재위 기간을 통해 국가 체제를 정비하고 황제국으로 승격시키는 등, 안팎으로 발해의 위상을 드높인 문왕은 793년에 사망했다.

제4대 대원의왕

문왕이 죽자 문왕의 친척 동생[從弟]인 대원의(大元義)가
왕이 되었다. 문왕에게는 아들 대굉림이 있었으나 그의 재위
중에 이미 사망했기 때문이다. 그러나 대원의왕(大元義王: 재
위 794)은 왕위에 오른 지 얼마 되지 않아 국인(國人)에게 살
해되고 말았다(발해 왕 가운데는 시호諡號가 알려지지 않아 이름으
로 명명되는 경우가 있다. 이런 경우 대○○왕, 대○○, ○○왕 등 다
양하게 불리고 있는데 이 책에서는 대○○왕의 형식으로 통일했다. 이
하 왕의 시호가 알려지지 않은 경우는 모두 이 같은 형식으로 표현했다).

기록에는 그가 의심이 많고 잔인했기 때문에 제거되었다
고 전하지만 구체적인 사실은 확인되지 않는다. 다만 적장자

계열이 아닌 방계라는 점으로 유추해보면 왕위를 찬탈했다가 적장자를 지지하는 귀족 세력에 의해 축출된 것이 아닌가 싶다.

왕위가 적장자에게 이어지지 못하면서 방계가 왕위를 찬탈하고 이를 다시 국인이라 불리는 귀족 세력이 제거하는 어수선한 정국이 한동안 지속될 만큼 발해 왕실의 권위는 일시적으로 실추되었다. 오랜 기간 보위를 유지하면서 강력한 권한을 행사했던 문왕이 실각하자 그의 통치력을 대체할 만한 권력이 재편되지 않는 가운데 이러한 혼란이 발생한 것이다.

제5대 성왕 대화여

대원의왕이 축출된 후 문왕의 손자이자 대굉림의 아들인 성왕 대화여(成王 大華瑒: 재위 794)가 왕위에 올랐다. 앞서 대원의왕을 살해한 국인 세력이 적장자를 왕으로 추대한 것으로 여겨진다.

즉위와 함께 성왕은 연호를 '중흥(中興)'으로 고쳤는데 그 의미로 보아 할아버지 문왕이 드높인 발해의 위상을 다시 한 번 이루고자 하는 의지를 반영한 것이 아닐까 추정된다. 그가 수도를 다시 상경으로 옮긴 것 또한 중흥이란 연호와 같은 맥락이라 하겠다.

하지만 성왕 또한 1년의 재위조차 채우지 못하고 사망했

다. 성왕의 사망 이유에 대해서는 밝혀진 바가 없지만 왕위
를 둘러싼 쟁투가 이어지면서 실각했을 가능성이 높다.

제6대 강왕 대숭린

성왕 대화여 사망 이후 문왕의 막내아들[少子]인 강왕 대숭린(康王 大崇璘: 재위 794~809)이 즉위했다. 795년(강왕 2) 일본에 파견된 여정림(呂定琳)이 가져간 국서 가운데 "겨우 목숨을 부지하다가[視息苟延] 갑자기 국상을 당해 왕위에 오르니[奄及祥制] 관료들이 의로움에 감복하여 감정을 억제했다[官僚感義 奪志抑情]"는 내용이 있다. 강왕 즉위 이전까지 왕위를 둘러싼 크고 작은 정쟁이 국인이라 불리는 귀족 관료 세력과 얽혀 지속되었음을 말해준다. '정력(正曆)'으로 연호를 삼았다.

강왕의 활동은 당·일본과 활발히 교류한 사실만 전한다.

강왕은 즉위년에 바로 당에 사신을 파견했지만 당은 이듬해인 795년(강왕 2) 은지첨(殷志瞻)을 보내 '발해군왕'으로 책봉했다. 그러자 강왕은 797년(강왕 4)에 다시 사신을 보내 부왕인 문왕 때 받은 관작을 내려줄 것을 요구했고 이에 당은 798년(강왕 5) '발해국왕'으로 다시 책봉했다. 당시 당에 파견되었던 인물은 강왕의 조카인 대능신(大能信)과 여부구(茹富仇)였다. 이들은 각각 당에서 벼슬을 받은 뒤 귀국했다. 이후에도 강왕은 당에 6차례 사신을 파견했다.

강왕은 일본과 교류에도 적극적이어서 사소한 요구를 걸어오는 일본 조정을 상대로 활발한 외교를 펼쳤다. 즉위한 이듬해 여정림을 파견하여 자신의 즉위를 알리고 일본과 관계를 이어나가고자 했다.

문왕 말기부터 양국 상황은 변하고 있었다. 일본은 발해 사신의 도착 지역이나 방문 기한 등에 대한 제한을 요청해 왔다. 정왕은 여정림 파견 때 일본이 먼저 방문 기한을 정해줄 것을 제안했고, 이에 대해 일본은 798년(강왕 5) 우치쿠라가모마로(内臓賀茂麻呂)를 파견하여 6년 1회로 응답했다. 하지만 발해는 같은 해 12월 우치쿠라가모마로가 귀국할 때 다시 대창태(大昌泰)를 보내 재교섭하여 결국 방문 기한에 대한 제한을 아예 철폐했다.

강왕의 대일 외교는 일본의 감정을 거스르지 않으면서 자신의 의지를 관철시키는 고도의 전략이었다. 이렇게 발해의 조건을 수락한 일본은 804년(강왕 11) 노토(能登: 현재의 혼슈本州 이시카와현石川縣 북부에 있는 반도 지역)에 발해 객원(客院)을 설립했다. 종전에는 이 지역으로 도착하는 것을 금지하고 쓰쿠시(筑紫) 지역으로 와 자신들의 외교 의례에 맞출 것을 요청했던 일본이 스스로 발해사를 위한 객원을 조성했다는 것은 매우 흥미롭다. 신라와는 799년 이후 공식 사절 왕래가 중단되었고 당과 교류에서도 연이은 견당사의 조난으로 어려움을 겪고 있던 일본으로서는 발해와 교류가 절실했다. 명분상 요구를 거둬들이고 발해 사신에게 편의를 제공해준 것은 바로 이 때문이다.

강왕 대에 대일 외교의 제반 조건을 유리하게 다진 발해는 이후 줄곧 110명 내외로 사신단을 구성하여 일본을 넘나들면서 폭넓은 교류를 이어나갈 수 있었다.

대외 교섭 사실만 남아 있지만 안으로도 국력을 제고해나갔을 것이 틀림없다. 문왕 말기 이후 계속된 혼란을 추스르고 국가 발전을 도모했던 강왕은 809년(강왕 16) 사망했다.

제7대 정왕 대원유

강왕에 뒤를 이어 보위에 오른 이는 정왕 대원유(定王 大元瑜: 재위 809~812)로 강왕의 아들이다.

즉위하여 연호를 '영덕(永德)'으로 정했다. 연호를 통해 보면 그는 문왕과 강왕을 이어 발해 왕실의 덕을 널리 펼치겠다는 의지를 표방했다.

하지만 그의 재위 기간은 4년 남짓하며 자세한 행적은 확인되지 않는다. 짧은 재위 기간 중에도 일본에 고남용(高南容)을 809년(정왕 1)과 810년(정왕 2) 두 차례 파견했다. 고남용이 귀국할 때 일본 또한 하야시아즈마히토(林東人)를 송사로 보냈다.

당에도 809년(정왕 1) 한 차례, 810년(정왕 2) 두 차례, 812년
(정왕 4) 한 차례, 총 4회 사신을 파견했다. 정왕은 812년(정왕
4)에 사망했다.

제8대 희왕 대언의

정왕의 사망 이후 그의 동생인 희왕 대언의(僖王 大言義: 재위 812~817)가 즉위했다. 연호를 '주작(朱雀)'으로 삼았다. 희왕 또한 발해 자체 기록이 없는 가운데 대외 활동에 관한 행적만이 확인된다. 희왕이 즉위한 812년 9월 신라 헌덕왕(憲德王)은 급찬(級湌) 숭정(崇正)을 발해에 파견했다. 후에 일어난 김헌창(金憲昌)의 난에서 보듯 신라 왕실 내부에 왕위 계승을 둘러싼 혼란이 거듭되는 시기였다는 점을 감안하면 희왕 즉위 소식을 듣고 단행한 파견이 아닐까 한다. 앞에서 언급했듯이 발해와 신라는 어려움이 있을 때 서로 교류와 우호를 시도했다.

희왕 또한 당에 사신을 여섯 차례(813년 1회, 814년 2회, 815년 3회)나 파견했고 당은 즉위 이듬해 '발해국왕'으로 책봉했다. 814년(희왕 3) 당에 파견된 고예진(高禮進) 일행은 금불상과 은불상 각 1구를 전했다. 815년(희왕 4) 7월 왕자 대정준(大廷俊)을 당에 보냈으며, 816년(희왕 5)에도 사신을 보냈다.

일본에 대한 사신 파견도 이루어졌다. 814년(희왕 3)에는 일본에 왕효렴(王孝廉)을 파견했다. 왕효렴은 발해의 뛰어난 문사로서 그가 지은 주옥같은 시가 일본에 남아 있다.

바닷길에 남풍 부니 돌아갈 생각 이어지고

먼 하늘의 북녘 기러기는 나그네 마음 이끄네.

다행히 소리 내며 맞아주는 두 마리 봉황에 기대면서

여러 날 이역 땅에 머물러도 근심할 것 없었다네.

南風海路連歸思

北雁長天引旅情

賴有鏘鏘雙鳳

莫愁多日往邊亭

— 왕효렴, 「이즈모 주에서 두 칙사에게 정을 써서 전하다(出雲州書情寄兩勅使)」, 『분카슈레이슈(文華秀麗集)』

희왕은 817년(희왕 6)경 사망한 것으로 추정된다.

제9대 간왕 대명충

희왕에 이어 희왕의 동생인 간왕 대명충(簡王 大明忠: 재위 817~818)이 즉위했다. 간왕은 만물이 시작되는 때라는 의미의 '태시(太始)'로 연호를 고치고 새로운 출발을 다짐했다. 하지만 그 또한 이듬해에 사망하고 말았다.

이처럼 연이은 형제 왕위 계승은 정왕이 어린 나이에 즉위했다가 후사가 없이 짧은 제위를 마감한 탓으로 본다. 하지만 정왕과 희왕에 이어 간왕까지 재위 기간이 짧았던 것을 보면 대원의왕 이후 왕권을 둘러싼 대립과 갈등이 여전히 반복되었던 것으로 추정해볼 수 있다.

제10대 선왕 대인수

간왕이 사망한 후 선왕 대인수(宣王 大仁秀: 재위 818~830)
가 즉위했다. 『신당서』에 따르면 대인수는 간왕의 종부(從夫:
아버지의 형제)이자 고왕 대조영의 동생인 대야발(大野勃)의
4대손이라고 하는데, 그의 출생 연도나 다른 가족력에 대한
기록은 남아 있지 않다.

앞에서 확인할 수 있듯이 문왕 이후 제4대와 제5대 왕은
단명했다. 제6대 강왕 대에 이르러 다소 왕위가 회복되었지
만 또다시 제7대부터 제9대에 이르기까지 재위 기간이 매우
짧았다. 문왕 이후 정치 불안이 거듭되고 국세가 위축되는
상황이 반복되었던 것이다. 그러다가 대조영 직계손이 아닌

대야발 직계손으로 왕위 계승이 옮겨갔다.

선왕 대인수는 13년간 통치하면서 발해를 크게 발전시켰다. 연호는 '건흥(建興)'이다. 연호로 보아 앞 시대의 혼란을 일소하고 새로운 중흥을 시도했음을 짐작할 수 있다. 선왕 때 발해는 가장 전성기를 이루었으며, 이러한 발해를 두고 당은 '해동성국(海東盛國)'이라 표현했다.

최대 영토 확보와 제도 확충

선왕의 행적에 대해서는 세부 사실까지 구체적으로 알려져 있지는 않다. 『신당서』와 『요사(遼史)』에 따르면 선왕이 해북(海北)의 여러 부족을 토벌하여 크게 영토를 넓혀 사방 5,000리에 달했다고 하며, 이즈음에 궁궐을 재건하고 5경(京) 15부(府) 62주(州)의 지방제도를 정비했다. 여기서 해북의 '해(海)'란 무왕 대의 표현과 마찬가지로 싱카이 호수를 가리키는 것이므로 선왕 대에 와서 싱카이 호수 이북의 말갈을 통합했음을 알 수 있다. 특히 무왕 대에 발해와 직접 충돌을 야기했고 이후에도 독자 행보를 해온 쑹화강(松花江) 하류에서 헤이룽강(黑龍江) 유역에 걸쳐 살고 있던 흑수말갈이 선왕 대에 와서는 당나라와 조공이 오간 기록이 없는 것으로 보아 완전히 통합되었음을 알 수 있다.

결국 선왕은 고구려의 옛 땅을 회복했을 뿐 아니라 연해주 일대를 넘어서 헤이룽강까지 장악했음을 알 수 있다. 동쪽으로는 연해주, 서쪽으로는 압록강 박작성(泊灼城: 현재의 랴오닝성遼寧省 단둥丹東 주롄청九連城) 일대, 남쪽으로는 신라와 접경하고, 북쪽으로는 헤이룽강에 이르렀다. 당시 영토는 고구려 최대 영토의 1.5~2배에 달했다고 한다. 동시대를 함께한 신라 영역의 4배 이상이었다.

이렇게 확장된 영토를 배경으로 선왕은 5경 15부 62주라는 지방제도를 완비했다. 발해의 지방제도는 뒤쪽 표와 같다. 각 주 아래 현(縣)이 편성되어 있었는데, 『요사』 「지리지(地理志)」를 통해 오늘날 당시 지명을 확인할 수 있는 현은 130개로 선왕 당시에는 약 200개 현이 있었을 것으로 추정된다. 주에는 자사(刺史)를 두고 현에는 현승(縣丞)을 두었다.

그 밖에 5경 15부 62주에 포함되지 않은 독주주(獨奏州)가 있다. 이 지역은 지방행정 체제에 속하지 않고 중앙 직속으로 운영되는 곳이었다. 주로 문제가 많은 지역에 설치하여 발해 왕실이 직접 장악함으로써 완충지대로 삼았다. 『신당서』에는 영주·동주·속주의 3개 주가 있다고 했다. 예컨대 동주는 상경의 남쪽, 중경의 북쪽, 동경의 서쪽에 해당하는 지역으로 3경 간의 갈등과 협조를 중재하는 지역이다. 영주는 상경의 북쪽으로 철리부나 회원부, 안원부로 나아가는 길목으로 북쪽 지역을 조정하고 관리하는 지역이며, 속주는 상경으로부터 거란도나 영주도로 나아가는 길목으로 상경의 관문 역할을 맡는 곳이다. 그 밖에 표에서 *로 표시된 두 지역은 『신당서』에는 없고 『요사』「지리지」에만 기록되어 있다. 이 2개 주를 합치면 모두 62주가 된다.

5경	15부	62주(속현)	비고
상경 (上京)	용천부 (龍泉府)	용주龍州(영녕永寧·장평長平·부리富利·숙신肅愼·영평永平·풍수豐水·부라扶羅·좌모左慕) 호주湖州(장경長慶) 발주渤州(공진貢珍)	숙신고지 (肅愼故地)
중경 (中京)	현덕부 (顯德府)	노주盧州(산양山陽·삼노杉盧·한양漢陽·백암白巖·상암霜巖) 현주顯州(금덕金德·상락常樂·영풍永豊·계산雞山·장령長寧) 철주鐵州(위성位城·하단河端·창산蒼山·용진龍珍) 탕주湯州(영봉靈峰·상풍常豊·백석白石·균곡均谷·가리嘉利) 영주榮州(숭산崇山·위수潙水·녹성綠城) 흥주興州(성길盛吉·산산蒜山·철산鐵山)	
동경 (東京)	용원부 (龍原府)	경주慶州(용원龍原·영안永安·오산烏山·벽곡壁谷·웅산熊山·백양白楊) 염주鹽州(해양海陽·접해接海·격천格川·용하龍河) 목주穆州(회농會農·수기水岐·순화順化·미현美縣) 하주賀州(홍하洪賀·송성送誠·길리吉里·석산石山)	예맥고지 (濊貊故地)

남경 (南京)	남해부 (南海府)	옥주沃州(옥저沃沮·취암鷲巖·용산龍山·빈해濱 海·승평昇平·영천靈泉)	옥저고지 (沃沮故地)
		정주晴州(천정天晴·신양神陽·연지蓮池·낭산浪 山·선암仙巖)	
		초주椒州(초산椒山·초령貂嶺·시천澌泉·첨산尖 山·암연巖淵)	
서경 (西京)	압록부 (鴨淥府)	신주神州(신록神鹿·신화神化·검문劍門)	고려고지 (高麗故地)
		환주桓州(환도桓都·신향神鄉·기수淇水)	
		풍주豊州(안풍安豊·발락渤恪·습양隰壤·협석硤石)	
		정주正州	
	장령부 (長嶺府)	하주瑕州, 하주河州	
	부여부 (扶餘府)	부주扶州(부여扶餘·포다布多·현의顯義·작천鵲川)	고려고지 (高麗故地)
		선주仙州(강사强師·신안新安·어곡漁谷)	
	막힐부 (鄚頡府)	막주鄚州(월희粤喜·만안萬安)	
		고주高州	
	정리부 (鄚頡府)	정주定州(정리定理·평구平邱·암성巖城·모미慕 美·안이安夷)	읍루고지 (挹婁故地)
		반주潘州(반수潘水·안정安定·보산保山·능리能利)	
	안변부 (安邊府)	안주安州, 경주瓊州	
	솔빈부 (率賓府)	화주華州, 건주建州, 익주益州	솔빈고지 (率賓故地)
	동평부 (東平府)	이주伊州	불녈고지 (拂涅故地)
		몽주蒙州(자몽紫蒙)	
		타주沱州, 흑주黑州, 비주比州	
	철리부 (鐵利府)	광주廣州, 분주汾州, 포주蒲州, 해주海州, 의주義 州, 귀주歸州	철리고지 (鐵利故地)
	회원부 (懷遠府)	달주達州(회복懷福·표산豹山·유수乳水)	월희고지 (越喜故地) ·부주의 신흥현 은 별도로 발해 때 명칭을 밝히 지 않아 요대와 같은 명칭이었을 것으로 추정함
		월주越州, 회주懷州, 기주紀州	
		부주富州(부수富壽·신흥新興·우부優富)	
		미주美州(산하山河·흑천黑川·녹천麓川)	
		복주福州, 사주邪州, 지주芝州	

	안원부 (安遠府)	영주寧州, 미주郿州 모주慕州(모화慕化·숭평崇平) 상주常州	
특수행정구역 (독주주獨奏州)		영주郢州(연경延慶) 동주銅州(화산花山) 속주涑州	
소속 미확인 주		*집주集州(봉집奉集) *녹주淥州(녹군麓郡·녹파麓波·운천雲川)	·『요사』「지리지」 에 있으나 발해 당시 소속 주는 확인되지 않음

· 『요사』 기록에 따라 용천부 용주 관할 현으로 분류했지만 논란이 제기되는 현들이 있다. 용주의 장평현은 최근 부여부 소속 현이라는 주장이 설득력을 얻고 있으며 풍수현·부라현·좌모현은 용주가 아닌 호주 소속이라는 설이 있다. 또한 현덕부 현주의 금덕현과 상락현은 동일한 현의 이칭이라는 설도 있다. 하지만 좀 더 검토가 필요하다고 보아 여기서는 모두 『요사』「지리지」의 내용에 따랐다.

지방제도와 함께 군사제도도 한층 정비되었다. 다음 왕인 대이진왕(大彝震王) 재위기인 832년 당의 왕종우(王宗禹)가 발해를 다녀온 후 "발해에는 좌우신책군(左右神策軍)이 있고 좌우삼군(左右三軍)과 120사(司)가 있다"고 보고한다. 이로 보아 선왕은 문왕 대에 편성된 10위제 군사제도를 더욱 확대·재편성했음을 알 수 있다.

적극적인 대외 정책 추진

대외 정책 역시 적극적이어서 재위 기간 내내 지속적으로 사신을 보냈다.

먼저 819년(선왕 2)에 일본을 방문한 이승영(李承英)은 변함없는 환대를 받았다. 특히 돌아오는 길에 신라 배로 일본에 왔다가 본국으로 귀국하기를 갈망하는 월주(越州) 사람 주광한(周光翰)과 언승칙(言升則)을 무사히 귀국하도록 도와주기도 했다. 821년(선왕 4)에 일본을 방문한 왕문구(王文矩)는 일본과 문화 교류에 크게 기여했다. 그는 822년(선왕 5) 정월에 일본 천황이 주관하는 연회에 참석하여 타구(打毬: 말을 타고 달리면서 채로 공을 치던 경기로 서양의 폴로와 유사하다)를 시연했는데, 당시 그가 타구를 하던 장면을 묘사한 시가 일본 한시집 『게이코쿠슈(經國集)』에 남아 있다. 그가 돌아올 때 일본은 당시 당에서 유학 중이던 승려 레이센(靈仙)에게 전달할 물품을 부탁하기도 했다.

한편 823년(선왕 6) 고정태(高貞泰)가 일본을 방문했을 때는 일부 일본 대신들이 발해 사신단에 대한 경계심을 표출했다. 하지만 발해 사신단과 그들이 가져온 교역품에 대한 천황을 비롯한 귀족들의 관심은 오히려 높았다. 당시 일본의 우다이진(右大臣: 최고 국가기관인 다이조칸太政官의 서열 3위에 해당하는 고관)이었던 후지와라노 오쓰구(藤原緒嗣)는 "발해 사신은 일개 상인 무리에 불과하므로 그들을 객으로 맞이하는 것은 국가의 손실이다"고 운운하며 사신단 일행의 입경을 반대했다. 하지만 이들이 거란산 큰 개 2마리와 애완견[猱子] 2마리를 가져 왔다는 소식을 듣자 준나천황(淳和天皇)은 급히 입경시키도록 명한 뒤 가져 온 개를 곧바로 사냥에 투입할 정도로 높은 관심을 보였다. 그러나 후지와라노 오쓰구 등 반대 세력의 압력을 고려한 때문인지 고정태 일행이 귀국할 때 천황은 12년에 1번씩 방문해줄 것을 요청했다.

하지만 다음번 사신인 고승조(高承祖) 일행은 곧바로 826년(선왕 9)에 일본을 방문했다. 이번에는 역으로 당에 있던 레이센이 일본 조정에 전해달라고 부탁한 물품을 가져 왔다. 이것을 레이센에게 직접 부탁받아 가져 온 이는 발해 유학승 정소(貞素)였다. 그러자 일본 조정은 황금 100냥을 레이센에게 다시 전해줄 것을 부탁했다. 이 방문은 직전에 12년 1회 방문 요청을 받았음에도 연이어 일본을 찾았다는 데서 흥미를 끈다. 후지와라노 오쓰구는 이번에도 발해사의 입경을 반대했지만 발해와 교류를 열망하던 천황가와 귀족의 기대를 꺾지는 못했다.

발해의 최전성기를 이끈 선왕은 830년(선왕 13) 사망했다.

정소와 레이센

발해인 정소(貞素)와 일본인 레이센(靈仙)의 인연은 깊다. 이들의 인연은 발해와 교류 관련 사실을 기록한 일본 사서에 남아 있을 뿐 아니라, 일본 승려 엔닌(圓仁)의 『입당구법순례행기(入唐求法巡禮行記)』에도 언급되고 있다. 840년 당에 도착한 엔닌은 오대산에 들어가는데 그곳의 한 사찰에서 레이센의 죽음을 애도하며 쓴 편액(扁額)을 보고 그 글을 쓴 이가 발해 승려 정소이며 그가 레이센과 맺은 인연을 알게 된다. 그 내용은 다음과 같다.

일찍이 정소는 희왕(僖王) 대에 입당하여 구법 활동을 하던 중 응공(應公)을 스승으로 삼았고 이 인연으로 응공의 스승인 레이센을 장안에서 만났다. 한편 822년 일본을 방문한 왕문구 일행은 일본 천황으로부터 레이센에게 황금 100만 냥을 전해달라는 부탁을 받고 귀국했다. 이를 정소가 당 오대산 금각사(金閣寺)에 있던 레이센을 찾아가 전했다. 다시 825년 레이센은 1만 립의 불사리와 번역한 경전 『대승본생심지관경(大乘本生心地觀經)』 그리고 일본 천황에게 전하는 조서 등을 정소에게 넘기며 천황에게 전해달라고 부탁한다. 정소는 826년 고승조 일행과 함께 일본에 건너가 이를 전했고 일본 천황은 다시 황금 100냥을 레이센에게 전해줄 것을 부탁했다. 정소는 828년 4월에 영경사(靈境寺)로 돌아와 레이센을 찾아갔지만 그는 이미 세상에 없었다. 그의 죽음을 애도하며 정소는 비통한 마음을 글로 남기는데 그것이 바로 엔닌이 본 편액의 내용이었다.

정소와 레이센의 사례는 당시 불법과 학문을 연구하던 학문승들 간의 존경과 신뢰가 출신이나 소속은 물론 험난하고 먼 여행길을 뛰어넘을 만큼 깊었음을 말해준다. 어쩌면 이 시기 동아시아 내 문화적·인적 교류는 오늘날 상상하는 것 이상으로 활발하게 이루어졌을지 모른다.

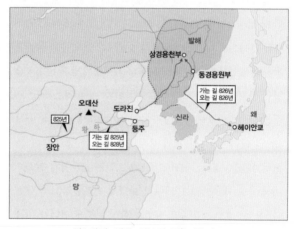

정소의 당-발해-일본 간 추정 이동 경로

발해인이 넘나든 길은 어떠했을까?

당으로 가는 길은 조공도와 영주도였다. 조공도는 수로와 육로로 되어 있는데 상경에서 압록강의 린장(臨江)까지 여정이 육로 구간이다. 상경에서부터 보면 징포호(鏡泊湖) 동안을 따라 남으로 내려가거나 하얼바령(哈爾巴嶺)을 넘은 뒤 가야허(嘎呀河)와 하이란강(海蘭江)을 따라 내려와 중경에 이른다. 중경에서 다시 하이란강, 장런강(長仁江)을 따라가 백두산 주봉 서쪽에 위치한 린장에 이른다.

린장에 도착한 후에는 주로 수로를 이용했다. 압록강 물길을 타고 내려가 박작구(泊勺口: 현재의 압록강 어귀 지역인 단둥시丹東市 타푸시大蒲石 하구河口)를 통해 바다로 들어간 후 랴오둥반도(遼東半島)에서 보하이해협(渤海海峽)을 건너 산둥성(山東省) 등주(登州: 현재의 평라이蓬萊)에 이른다. 이곳에서 다시 칭저우(靑州)로 간 후 당의 수도 장안에 이른다. 이 길은 무려 2,500킬로미터에 달하는 긴 여정이다.

일본으로 가는 길을 살펴보면 다음과 같다. 상경에서 징포호 동안을 따라 남으로 내려가거나 하얼바령을 넘어 가야허에 이른 뒤 두만강 하곡(河谷)을 따라 동경(팔련성)에 이른다. 이곳에서 다시 석두하자고성(石頭河子古城)을 거쳐 염주(鹽州: 현재의 러시아 프리모르스키 지방[연해주] 하산의 크라스키

노성)에 이르러 이곳의 포시예트 만으로부터 출항하여 동해를 횡단한다. 초기에 발해 사신들은 데와 지역에 도착했는데 발해 사신이 쓰쿠시를 통해 들어오기를 원하던 일본 조정으로서는 이러한 행보를 부담스럽게 여겼으며 이로 인해 일본 조정과 갈등도 있었다. 후기에 가서는 주로 호쿠리쿠(北陸: 일본의 혼슈本州 중앙부에 위치한 중부 지방 중 동해와 면해 있는 지역)에 도착했고 일본은 발해 사신을 위한 객원을 조성했다.

그러나 동해를 횡단하는 여정은 많은 어려움이 뒤따랐다. 발해와 일본 간 교류 중 조난 사고로 기록된 것은 10건이며, 여기에다 에미시족에 의한 습격 3건(727, 786, 795)을 합하면 항해 사고는 13건에 달한다.

신라로 가는 길과 관련해서는, 당나라 가탐(賈耽)의 『고금군국지(古今郡國志)』에 신라 천정군(泉井郡)에서부터 책성부(柵城府)에 이르는 사이에 39개 역이 있다고 기록하고 있다(『삼국유사』에서 이를 인용했다). 천정군은 함경남도 덕원 일대며 책성부는 발해의 동경으로 이 길은 신라에 이르는 동쪽 육로였을 것이다. 게다가 신라 경덕왕(景德王) 때 천정군에 탄항관문(炭項關門)을 쌓았다는 기록이 나오고 있어 이곳이 신라로 통하는 주요 길목이었음을 알 수 있다. 탄항관문은 지금의 판문점과 같은 지역이 아니었을까 싶다. 갈등 상황에서는 일촉즉발의 지역이 될 수 있지만 우호와 협력 상황에서는 대화와 교류의 창구가 되었을 것이다. 뿐만 아니라 『삼국사기』에는 평양에서 국내성까지 17역이 있다고 기록하고 있으므로 국내성을 지나 평양을 거쳐 경주에 이르는 서쪽 육로 역시 존재했을 것이다.

한편 해상의 길 또한 이용했다. 동해 쪽 해로는 남경남해부(南京南海府)의 토호포(吐號浦: 지금의 함경북도 청진 일대)로부터 함경북도 경성·어랑·화대를 거쳐 함경남도 북청에서 동해안을 따라 남하하여 경주에 이르렀다. 서해상을 이용한 길은 압록부 신주(神州)에서부터 압록강 물길을 타고 환도성(丸都城)을 지나 압록강 어귀에서 바다로 나가는 경로를 따른다. 바닷길로는 오목도(烏牧島), 패강(貝江) 어귀를 지나 신라의 서북변 장구진(長口鎭: 현재의 황해남도 안악군)에 이르는 길이 이용되었을 것이다.

발해는 서역(西域)과도 교섭했다. 이를 알 수 있는 첫 번째 자료는 둔황(敦煌) 문서다. 이 문서에는 북방에 있던 나라들에 관한 기록이 있는데 그중 '고려'라는 이름이 등장한다. 8세기는 이미 고구려가 멸망했고 아직 고려가 성립하지 않았던 때이므로 둔황 문서에서 말하는 고려는 곧 발해로 볼 수 있다. 또 하나는 러시아 연해주 아르세니예프 강가의 한 유적에서 발견된 은화다. 이는 보하라(Bokhara: 우즈베키스탄에 위치한 옛 실크로드의 주요 거점, '부하라'라고도 한다)의 화폐를 모방한 이슬람제국 아바스 왕조(Abbasids: 750~1258) 시대의 은화로 발해가 중앙아시아의 소그드인(Sogd)이나 보하라인과 교역했음을 알려준다. 러시아의 발해 연구자 샤브쿠노프(E. V. Shavkunov)는 서역과 교류한 이 길을 '담비길'이라 명명했다.

제11대 대이진왕

선왕이 사망하고 손자 대이진왕(大彝震王: 재위 831~857)이 뒤를 이었다. 선왕이 죽었을 때 아들 대신덕(大新德)은 이미 사망하여 손자인 대이진이 보위에 오른 것이다. 왕위에 오른 대이진왕은 연호를 '함화(咸和)'로 고쳤다. 대이진왕은 선왕이 이룬 업적 위에 나라의 융성을 이어나갔으며 당·일본과 활발하게 교류했다.

대이진왕은 왕자를 비롯하여 유력한 인사를 당에 파견하면서 당과 관계를 지속했다. 832년(대이진왕 2)에는 왕자 대명준(大明俊)에 이어 고보영(高寶英)을 파견했으며, 833년(대이진왕 3)에는 왕자 대선성(大先晟)을 파견했다. 고보영 파견

당시에는 학생 3명을 함께 보내 이전에 파견했던 학생 3명과 교대했다. 이때 이후 발해 대사로 활약한 이거정(李居正)을 비롯한 많은 인사들이 당을 오갔다. 발해의 문화 수준은 한층 더 높아졌고 당·일본 등 이웃 나라와 풍성한 교류를 이어갔다.

대선성이 파견되었다가 돌아오는 날 당의 유명한 시인 온정균(溫庭筠)이 「본국으로 돌아가는 발해 왕자를 보내며(送渤海王子歸本國)」라는 시로 아쉬움을 노래했다. 그 내용은 아래와 같다.

강역은 비록 깊은 바다로 떨어져 있지만
수레와 글[문물]은 본래 한 집안.
성대한 공훈으로 고국에 돌아가지만
아름다운 시구는 중국에 남아 있네.
경계가 가을 물결을 갈라놓고
펼친 돛은 새벽노을에 닿는구나.
궁중의 풍월이 아름답지만
머리 돌리면 먼 이국의 하늘.
疆理雖重海
車書本一家
盛勳歸舊國

佳句在中華

定界分秋漲

開帆到曙霞

九門風月好

回首是天涯

시 내용을 읽어보면 왕자 대선성의 능력을 찬양하고 그와 이별을 애석해하는 온정균의 심정이 역력히 드러난다.

그러나 최근 중국은 이 시의 한 소절인 "수레와 글은 본래 한 집안[車書本一家]"이라는 표현을 들어 발해가 당의 지방 정권이었음을 은연중에 강조하고 있다. 중학교 중국 역사 교과서에 '화합하여 한 가족이 되다[和同爲一家]'라는 중단원을 두고 토번(吐蕃: 티베트)·회흘(回紇: 위구르)·발해·남조(南詔: 윈난雲南에 있었던 티베트계와 미얀마계 종족이 세운 왕조)가 모두 당에 예속되어 한 가족을 이루었다고 서술하는데, 그중 발해를 다룬 소단원 제목으로 이 시구를 사용하고 있다. 뿐만 아니라 발해가 건국된 둔화시 입구를 장식한 건축물에도 이 시가 새겨져 있다.

굳이 이 시를 문학작품이 아닌 발해 귀속 문제라는 측면에서 따져본다 하더라도, 온정균의 시는 강역과 경계라는 표현을 명시하고 있으므로 오히려 발해는 중국과 다른 이웃 국가였다는 사실을 반증한다. 이국땅에서 온 왕자와 나눈 깊은 우정을 기리면서 이별을 애석해하는 아름다운 문학작품을 놓고 발해 귀속을 운운하고 있는 중국 학계의 현실이 안타까울 따름이다.

둔화시 입구에 세워진 지역 역사 관련 건축물

온정균 시가 새겨진 건축물 일부

당으로부터도 많은 인물이 발해를 방문했다. 832년(대이진왕 2)에는 왕종우(王宗禹)가 다녀갔고, 834년(대이진왕 4)에는 장건장(張建章)이 서적을 가지고 발해를 다녀갔다. 앞에서 언급했듯이 왕종우는 당으로 돌아가 문종(文宗)에게 발해의 군사제도를 보고했으며, 장건장은 돌아가 『발해국기(渤海國記)』를 집필했다. 현재 『발해국기』는 남아 있지 않지만 1966년 베이징의 승덕문(勝德門) 밖에서 발견된 장건장 묘지문에 그의 발해 방문과 집필에 관한 내용이 남아 있다. 실제로 『구당서』 『신당서』 『송사(宋史)』 등 여러 사서를 집필할 때 『발해국기』가 중요한 기본 자료로 활용되었다.

이처럼 대이진왕 시대에 당나라인들이 발해에 와 여러 제도와 문물을 상세하게 조사하고 보고한 것으로 보아, 전왕인 선왕 시대에 행정제도가 완비되었고 이에 대한 당의 관심이 높았음을 알 수 있다.

대이진왕은 일본과 외교에도 적극적이어서 841년(대이진왕 11)에 하복연(賀福延)이 파견되었고, 848년(대이진왕 18)에는 선왕 때 일본을 방문했던 왕문구가 다시 파견되었다. 특히 841년 교류 때는 발해사에 대해 의례를 갖춘 환대가 이루어졌는데, 이때 주고받은 문서인 「중대성첩(中臺省牒)」이 현재까지 전한다.

가로 48.8센티미터, 세로 29센티미터인 「중대성첩」은 일

본의 구나이초(宮內廳) 쇼료부(書陵部)에 보존되어 있다. 이
첩은 발해 중대성에서 일본 다이조칸(太政官: 최고 국가기관)에
보낸 외교문서다. 여기에는 841년 일본에 파견된 사신단의
현황이 기록되어 있다. 대사(大使) 1인, 부사(副使) 1인, 판관
(判官) 2인, 녹사(錄事: 기록 담당 고관) 2인, 역어(譯語: 통역) 2인,
사생(史生: 기록 담당 하급 관리) 2인, 천문생(天文生: 기상·천체 관
측 관리) 1인, 대수령(大首領) 65인, 그 밖에 초공(梢工: 뱃사공)
으로 구성되어 있다. 다수를 차지하고 있는 대수령은 교역을
전담한 실무자였다. 대략 110명 내외로, 대일본 사신단은 보
통 이 정도 규모였을 것이다.

대이진왕 대의 대일 교류를 짐작하게 하는 또 하나의 유
물은 함화4년명불비상(咸和四年銘佛碑像)이다. '함화'는 대이

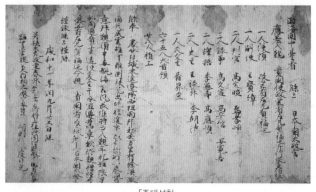

「중대성첩」

진왕 때의 연호로 834년(대이진왕 4)에 이것이 제작된 것임을 알 수 있다. 비상은 전체 높이가 64센티미터인데 정면 가운데에 아미타불을 두고 양옆에 수행 승려가 서 있고 다시 그 옆으로 보살이 서 있다. 어디서 출토된 것인지는 확인되지 않지만 일본에 남아 있으므로 양국 교류 과정에서 일본으로 건너간 것이 아닌가 추정하나 확실한 것은 알기 어렵다.

함화4년명불비상

비록 대이진왕의 업적이 구체적으로 남아 있지는 않지만 당·일본과 풍성한 교류 사실로 미루어 선왕에 이어 발해의 발전과 융성을 이끌었음을 알 수 있다. 대이진왕은 857년(대이진왕 27) 사망했다.

대이진왕 대 이후 발해 관련 기록은 지극히 소략하다. 발해 스스로 남긴 사서가 없어 주변국 사서에 남아 있는 기록에 의존하고 있는데, 이 시기는 당과 일본 또한 크고 작은 혼란을 겪어 기록의 공백이 많기 때문이다.

당은 안사의 난 이후 지방에서는 번진(藩鎭: 북방 민족을 막기 위해 변방 요충지에 임명한 군사 사령관으로 절도사에 해당한다) 세력이 할거하고 중앙에서는 붕당 간에 다툼이 끊이지 않았다. 급기야 875년부터 884년에 걸쳐 일어난 황소(黃巢)의 난으로 당 조정은 급격히 쇠퇴한다. 공교롭게도 일본의 관찬 사서인 '육국사(六國史)' 중 유일하게 이 시기를 기록한 『일본후기(日本後紀)』는 전체 40권 중 단 10권만 전한다. 이 시기 발해와 일본 교류 과정에서 주고받았던 국서 또한 초기 국서와 달리 발해 사회나 왕실 근황에 대한 소개 인사 없이 실무적인 내용만 담겨 있다.

이렇다 보니 주변국의 소략한 기록에 의지하고 있는 발해 역사 중에서도 이 시기는 가장 취약하여 개략적인 정황조차 파악하기 어렵다. 왕의 시호나 연호가 전하지 않는 것은 바로 이러한 배경 때문이다. 하지만 기록이 없다고 해서 발해가 왕의 시호나 독자 연호를 사용하지 않았다고 볼 수는 없다. 이를 보완할 수 있는 사료가 새롭게 발굴되기를 기대할 따름이다.

제12대 대건황왕

871년 대이진왕이 사망하자 동생인 대건황왕(大虔晃王: 재위 858~871)이 즉위했다. 대건황왕 역시 기록의 한계로 국내 업적을 알기는 어렵고 외교 활동에 관한 기록만 남아 있다. 당과 교섭은 앞에서 언급했듯이 당 내부의 농민 폭동 등으로 원활한 교류가 이루어지지 못했던 데 비해, 일본과 교섭은 지속되어 재위 동안 7차례 사신 파견이 이루어졌다.

858년(대건황왕 1) 겨울 오효신(烏孝愼)을 파견했는데 오효신에게는 이것이 3번째 방문이라는 점에서 매우 주목할 만하다. 더욱이 그는 일본에 장경선명력(長慶宣明曆: 당나라 서앙 徐昻이 개발한 새로운 역법으로, 822년 즉 장경 2년에 채택되었다 하

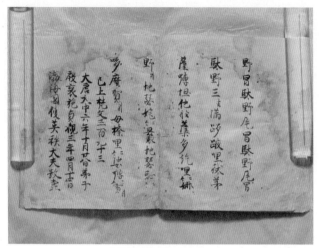

「가구영험불정존승다라니기」

여 장경선명력이라 한다. 선명력이라고도 부르며 태양 시차의 계산법
을 개량하여 1년을 365.244일로 정했다)을 전했는데, 일본 조정은
862년에 공식적으로 선명력으로 바꾸고 이후 1684년 정향
력(貞享曆)을 채용하기까지 823년간 사용했다. 참고로 한국
에서는 고려 충렬왕(忠烈王) 때까지 사용했다.

　861년(대건황왕 4)에 일본을 방문한 이거정(李居正)에 대
해 일본 조정은 자신들이 요구한 방문 기일을 지키지 않았
을 뿐 아니라 국서 내용도 무례하다고 트집을 잡았다. 하지
만 이거정은 이때 『가구영험불정존승다라니기(加句靈驗佛頂
尊勝陀羅尼記)』라는 불경을 전했고 현재까지 이시야마데라(石

山寺)에 보존되어 있다. 이처럼 발해의 대일 교류는 여러 방면에서 일본에 많은 영향을 끼치고 있었다.

대건황왕은 871년(대건황왕 14) 사망했다.

제13대 대현석왕

대건황왕의 뒤를 이은 것은 아들로 추정되는 대현석왕(大玄錫王: 재위 871~894)이다. 『신당서』 「발해전」에는 대현석왕이 함통(咸通) 연간(860~873)에 세 차례 사신을 파견했다고 기록했으나 사실을 확인하기는 어렵다.

대현석왕 재위 시기 당에서 활약한 발해인들의 행적이 알려져 있다. 872년(대현석왕 2) 발해인 오소도(烏炤度)는 당의 빈공과(賓貢科)에 합격하여 진사가 되었는데 그의 성적은 함께 응시했던 신라 유학생 이동(李同)보다 앞섰다.

892년(대현석왕 22)에는 고원고(高元固)가 빈공과에 급제했다. 그의 문학적 재능이 얼마나 뛰어났는가는 당시 함께 빈공과에 합격했던 당나라 사람 서인(徐寅)이 남긴 이야기를 통해 전한다. 서인은 당이 망한 뒤 푸젠성(福建省)에 건립된 민국(閩國)에 있었는데 이때 고원고가 그를 만나러 가 대화를 나누던 중, 발해 사람들은 자신이 지은 글을 집집마다 금으로 써서 병풍으로 걸어두고 있다고 말한다. 고원고의 글재주가 매우 뛰어났다는 사실뿐 아니라 발해인들의 문학적 소양의 저변이 대단히 폭넓었음을 알 수 있다.

일본과 교류 역시 활발하게 전개했다. 872년(대현석왕 2)에는 양성규(楊成規)를 파견했는데 일본 조정은 빈례의 절차에 따라 이들을 환대했다. 일본 측 장발해객사(掌渤海客使)였던 문장박사 미야코노요시카(都良香)와 관련한 재미난 이야기가 전한다. 그의 원래 이름은 고토미치(言道)였는데 자신의 이름이 발해에서 온 귀한 손님을 맞기에는 어울리지 않는다고 하여 요시카(良香)로 개명했다 한다.

873년(대현석왕 3) 대현석왕은 최종좌(崔宗佐)를 당에 파견했는데 이 일행은 표류하여 일본의 사쓰마국(薩摩國) 고시키시마군(甑嶋郡)에 표착했다. 이들은 일본 조정의 협조를 얻어 무사 귀환했다.

877년(대현석왕 7)에는 양중원(揚中遠)이 일본에 파견되었다. 앞서 최종좌 일행이 무사히 송환한 것에 대해 감사를 전하고자 했으나 일본 조정의 반응은 냉담했다. 잦은 방문에 대한 부담을 드러낸 것이다.

882년(대현석왕 12) 배정(裵頲) 일행이 일본에 파견되자 일본 조정은 성의를 다해 맞았다. 특히 배정이 뛰어난 문인 학자였기에 일본 측에서도 스기하라노미치자네(菅原道眞)·시마다노타다오미(嶋田忠臣) 등 당대 최고 인사들이 환대에 나섰다.

이어 892년(대현석왕 22)에 왕귀모(王龜謀)가 또 한 차례 일본을 방문했는데 잦은 방문이라는 이유로 처우가 썰렁했다. 다시 894년(대현석왕 24)에는 882년에 일본을 방문하여 크게 환대받았던 배정을 파견했다. 이번에도 발해와 일본 양국 문사들 간에 교류가 이루어졌다.

그 밖에 신라와도 교류한 정황이 보인다. 『삼국사기』 「신라본기(新羅本紀)」 기록에 따르면 "886년 봄 북진(北鎭)에서 '적국인(狄國人)이 진(鎭)에 들어와 나뭇조각을 걸어놓고 갔는데 거기에는 보로국(寶露國)과 흑수국(黑水國) 사람이 함께 신라국에 화통(和通)하겠다'고 적혀 있었다고 알려 왔다." 여기서 적국인과 보로국·흑수국을 누구로 보느냐에 따라 발해와 신라의 관계에 대한 해석은 달라진다. 종래에는 이들을 여진(女眞)이나 흑수말갈로 보아 그다지 관심을 두지 않았으나, 최근에는 적국인을 발해로 보고 발해가 보로국·흑수국과 신라 간의 화친을 중개하려 했던 것으로 보기도 한다. 발해는 당이나 일본과 달리 신라에 대해서는 공식 사절을 파견했다는 기록이 없다. 하지만 이러한 정황으로 미루어 볼 때, 천정군(현재의 함경남도 덕원) 일대를 사이에 두고 민간 교류는 수시로 이루어졌으며, 보로국·흑수국과 신라 사이에 새로운 관계를 중개할 만큼 생각보다 훨씬 가까운 관계를 유지했으리라 짐작할 수 있다.

제14대 대위해왕

대위해왕(大瑋瑎王: 재위 894?~906?)에 대해서는 연호와 시호는 물론 정확한 가계마저 전하지 않는다. 『신당서』어느 곳에도 관련 내용이 없어 아예 발해 왕계에 포함조차 되지 않았다. 그러다가 중국 근대 역사학자 진위푸(金毓黻)가 『당회요(唐會要)』에 실린 그의 존재를 처음 확인하면서 주목받게 되었다. 비록 이 외에는 관련 사실을 확인할 수 있는 기록이 없어 정확한 사실을 알기 어려우나 부자 왕위 계승이 지속되었다는 가정 아래 대현석왕의 아들로서 왕위를 이은 것으로 추정하고 있다.

앞에서도 언급했듯이 이 시기 당은 잇따른 내란으로 혼란스러웠지만 당으로 사절과 유학생 파견은 계속 이루어졌다. 뿐만 아니라 당에 온 신라인과 마주치면서 크고 작은 경쟁과 갈등도 일어났다.

대위해왕은 897년(대위해왕 4) 아들 대봉예(大封裔)를 당에 파견했는데 신라 사신보다 아랫자리가 정해지자 자국의 국세가 신라보다 강성하다면서 윗자리를 요구했다. 하지만 당 소종(昭宗)은 발해 편을 들지 않고 옛 관습대로 하라고 지시했다(후에 신라 최치원은 이러한 당의 조치에 대해 감사하는 글인 「사불허북국거상표謝不許北國居上表」를 올렸다).

905년(대위해왕 12)에는 일찍이 당의 빈공과에 수석 합격한 경력을 가진 오소도(烏炤度)를 파견했는데, 그 이듬해 자신의 아들 오광찬(烏光贊)이 신라 유학생보다 낮은 성적을 받자 항의하기도 했다.

신라인과 성적 경쟁을 벌인 오소도와 오광찬 부자

오소도와 오광찬 부자는 대를 이어 당의 빈공과에 급제하여 진사가 되었다.

오소도는 872년 빈공과에 급제했는데 함께 응시한 신

라인 이동을 제치고 수석을 차지했다. 최치원(崔致遠)은 신라가 발해에 밀린 것을 매우 분하게 생각했다. 2년 뒤인 874년 최치원은 18세의 나이로 빈공과에 급제했고 자신을 선발해준 당 예부시랑(禮部侍郎) 배찬(裴瓚)에게 감사의 글을 보냈다. 그 글 가운데서 이전에 발해가 우수한 성적을 거두었던 사실을 두고 "관과 신발이 거꾸로 된 것[冠帽倒置]" "영원히 남을 나라의 수치[永胎一國之恥]"라고 표현하면서 그 당시 빈공과를 주관했던 담당 관리 최시랑(崔侍郎)의 판정이 "집안의 닭은 천하게 여기고 산에 있는 고니를 귀하게 여기는 혐의[賤鷄貴鵠]"라고 비꼬아댔다.

오소도는 이후 발해에서 최고의 재상을 역임한 후 905년 다시 당으로 파견되었다. 이때 그의 아들 오광찬도 아버지에 이어 빈공과에 도전했다. 급제는 했지만 함께 응시했던 신라인 최언위(崔彦撝)보다 낮은 성적을 거두었다. 이에 오소도는 이전에 자신이 신라인보다 앞섰던 일을 말하면서 아들의 성적을 변경해줄 것을 요청했다. 하지만 당은 이 요구를 받아들이지 않았다.

발해와 신라 간의 빈공과 합격 성적을 둘러싼 경쟁은 학문 업적만이 아니라 양국의 국제적 지위를 확인하는 정치적·외교적 의미와 결합되어 있음을 알 수 있다. 최치원과 오소도·오공찬 부자가 빈공과 성적을 두고 민감하게 반응한 것은 바로 이 때문이다.

　다른 한편으로 보면 선왕 대 이래 9세기 말까지는 발해의 국제적 위상이 신라를 앞서 있었다고 평가할 수 있는 대목이기도 하다.

제15대 대인선왕

대인선왕(大諲譔王: 재위 906?~926)은 발해의 마지막 임금이
다. 대인선왕 또한 연호나 시호, 가계 등이 제대로 전하지 않
는다. 다만 대건황왕에게서 대현석왕으로 부자 양위가 이루
어졌다는 전제와 대위해왕이 아들로서 대현석왕을 이었다
는 가정 아래 대인선왕 역시 아들로서 대위해왕을 이은 것
으로 추정할 따름이다.

그의 재위 시절 발해를 둘러싼 동아시아 정세는 매우 복
잡하게 진행되고 있었다. 당은 이미 9세기 후반부터 혼란을
거듭하면서 점차 쇠망의 길로 접어들었다. 급기야 907년 주
전충(朱全忠)이 당 애체(哀帝)를 폐위시키고 양(梁: 이하 후량後

梁)을 세웠고 이후 5대 10국(五代十國)의 역사가 시작되었다.

이처럼 중국이 여러 세력으로 할거하면서 혼란에 빠지자 그 틈을 타고 거란 세력이 급속하게 성장했다. 야율아보기(耶律阿保機)는 흩어져 있던 거란 부족을 통일하고 916년 거란국(契丹国)을 세웠다. 신라 또한 후삼국으로 분열되어 신라·후고구려(태봉泰封: 고려)·후백제가 서로 세력 다툼을 벌이고 있었다.

대인선왕은 이러한 급박한 정세 변화 속에서 후삼국, 후량과 후당(後唐), 거란, 일본과 복잡다단한 외교 구도를 헤쳐 나가야만 했다. 무엇보다 발해가 가장 경계해야 할 대상은 서쪽으로부터 세력을 뻗어오는 거란이었기에 이를 견제할 수 있는 다양한 통로의 외교 활동을 추진해야 했다. 이런 점에서 본다면 발해가 926년(대인선왕 21) 거란의 침입을 맞아 속수무책으로 급작스레 멸망했다는 평가는 재고되어야 한다. 거란의 발해 공격은 20년 이상 장기간 지속되었고 발해는 이를 저지하기 위해 다각적인 노력을 기울였다.

『요사』「태조본기(太祖本紀)」에 따르면 야율아보기는 황제에 오르기 전인 903년부터 랴오둥을 공략하기 시작했다. 이에 대인선왕은 후량이 건국되자 907년(대인선왕 2) 대소순(大昭順), 908년(대인선왕 3) 최체광(崔體光), 909년(대인선왕 4) 대성찬(大誠贊), 911년(대인선왕 6)과 912년(대인선왕 7) 대광찬(大

光贊)을 잇따라 파견했지만 어느 순간부터 사신 파견이 중단 되었다. 아마 중국의 끊이지 않는 내란으로 사신 파견이 제 대로 이루어지지 않았던 것으로 추정되며 이러한 상황은 발 해에 악재로 작용했을 것이다.

다음으로 대인선왕이 주목한 것은 계속 국교를 맺어왔던 일본이었다. 908년(대인선왕 3) 배구(裵璆)를 파견했는데 그는 앞서 대일 외교에서 뛰어난 활약을 했던 배정의 아들이다. 배구가 방문하자 당시 일본의 우다천황(宇多天皇)은 부친인 배정의 인품과 뛰어난 글재주를 칭찬하면서 그 아들과 다시 만나게 됨을 크게 기뻐했다.

또한 대인선왕은 신라와도 비밀 결원(結援)을 시도했다. 『거란국지(契丹國志)』에 따르면 해(奚)와 긴밀한 관계를 유지 하고 있던 거란이 갑자기 해를 침략하자 위기를 느낀 대인 선왕이 신라와 비밀 결원을 맺었다고 한다. 다만 비밀 결원 을 맺은 구체적인 시기에 대해서는 다양한 이설이 있다. 해 에 대한 정벌이 완료되고 발해 정벌을 추진하던 시기라는 정황만 확인되기 때문이다. 종래에는 911년(대인선왕 6) 이 후 어느 시기에 신라와 결원이 시도되었다고 보았다. 하지만 915년 신라가 거란에 사신을 파견했고 918년(대인선왕 13)에 는 발해 또한 거란에 사신을 파견했기 때문에, 아예 좀 더 이 른 시기에 이루어졌다고 보기도 하고 920년(대인선왕 15) 이후에 이루어졌다고 보기도 한다. 다만 여기서 주목해야 할 것은, 발해가 거란과 대격돌을 목전에 두고 끝까지 용의주도한 외교를 추진했으며 특히 신라와 연계하여 국운을 지키려 했다는 사실이다.

한편 거란은 916년 거란국을 세운 이후 점점 적극적으로 랴오둥 진출을 추진했다. 918년 12월 랴오양(遼陽) 지방을 차지하여 동방 진출의 거점을 굳혔으며, 919년에는 그 일대의 고성을 수리하고 한인과 발해인을 끌고 가 방어사(防禦使: 요나라의 지방 군사 조직)를 만들었다.

이런 가운데 대인선왕은 919년(대인선왕 14) 다시 한 번 배구를 일본에 파견했다. 이때 배구에 대한 일본의 예우는 전회보다 축소되었는데, 섭관정치(摂関政治: 후지와라藤原 가문이 섭정摂政과 관백關白을 독점하고 실권을 장악했던 정치 형태)라는 정세 변화 때문이기도 했지만 점차 강성해가는 거란을 고려한 거리 두기의 일환이었는지도 모른다.

919년 배구가 일본을 방문했을 때 일본 조정은 풍락원(豊樂院)에서 연회를 베풀었는데, 이 연회에는 천황가를 비롯한 귀족들이 참석했다. 이때 황자 중 한 사람인 시게아키라친왕(重明親王)은 검은 담비 가죽 8벌을 겹쳐 입고 참석하여 발해 사신을 놀라게 했다. 연회가 열렸을 때는 음력 5월로 장마철이었다.

일본·신라와 연계하는 동시에 대인선왕은 거란에 대한 반격을 추진했다. 924년(대인선왕 19) 5월, 거란이 빼앗은 요주(遼州: 현재의 랴오닝성 신민현新民縣)를 공격하여 요주자사 장수실(張秀實)을 죽이고 그곳에 있던 발해인들을 데리고 왔다. 한편으로는 당(唐: 이하 후당後唐)에 왕자 대우모(大禹謨)·조카 대원양(大元謙)을 1월과 5월에 연이어 파견했다. 뿐만 아니라 이즈음 고려 왕실과 혼인관계를 맺었을 가능성도 있다. 『자치통감(資治通鑑)』에 따르면 발해가 멸망한 후 왕건(王建)이 진(晋: 이하 후진後晋)에 전하기를 "발해는 우리와 혼인한 사이인데 발해 왕이 거란에 잡혔으니 청하건대 후진과 함께 공격하여 발해 왕을 구하고자 한다"고 했기 때문이다.

이에 거란 역시 그해 7월 발해에 대한 침공을 감행했고, 대인선왕은 8월에 다시 대원겸(大元兼)을 후당에 파견했다. 다음 해인 925년(대인선왕 20) 2월에는 일본에 파견되었던 배구를 후당에 파견했다. 거란과 전운이 감돌면서 대인선왕의 대외 행보는 더욱 급박하게 추진되었다.

924년 9월에도 발해를 침공했으나 이렇다 할 성과를 얻지 못하고 돌아갔던 거란은, 925년 9월 서방 정벌을 성공한 후 발해를 침공하기 위해 전력을 가다듬었다. 야율아보기는 925년 12월에 조서를 내려 "발해가 대대로 내려오는 원수로서 아직 복수를 못 했으니 어찌 안주할 수 있겠는가"라면서 발해 출정을 표명했다. 다음 달 윤12월 초에는 목엽산(木葉山)에서 제사 지내고, 중순에는 조산(鳥山)에서 푸른 소와 흰 말로 하늘과 땅에 제사 지냈다. 이어 하순에는 살갈산(撒葛山)에서 직접 귀전(鬼箭)이라는 활을 쏘았으며, 그달 말 대원수 요골(堯骨) 등을 이끌고 발해 부여부를 포위했다. 대인선왕은 926년(대인선왕 21) 1월 또 한 차례 대진림(大陣林) 등 116명을 후당에 파견하여 지원을 요청했다. 그러나 거란의 대대적 침공을 막지는 못했다.

거란은 부여부를 포위한 지 3일 만인 926년 1월 3일 그곳을 함락시켰다. 발해 노상(老相)이 3만 군사를 이끌고 싸웠으나 격파당했고, 거란은 9일 곧바로 수도 상경을 포위했다. 이렇다 할 저항조차 하지 못한 채 12일에 대인선왕은 항복을 청했다. 14일 대인선왕이 흰 옷을 입고 양을 끌면서 신하 300명과 함께 성을 나와 항복했다.

그러나 항복 이후에도 발해인은 자국의 멸망을 인정하지 않았다. 거란은 17일에 조칙을 내려 발해인들을 회유했고, 19일에는 강말단(康末怛) 등을 파견하여 병기를 수색했는데 발해인들은 그를 살해했다. 20일에는 대인선왕이 거란에 반대하는 기치를 내걸었고 야율아보기는 다시 상경을 공격하여 함락시켰다. 이때 대인선왕은 말 앞에서 죄를 청했다 하는데 이후 행적은 뚜렷하지 않다. 7월에 왕후와 함께 거란군에 의해 거란 본토로 끌려가 거란이 정해준 상경임황부(上京臨潢府) 서쪽에 성을 쌓고 살았으며, 자신은 오로고(烏魯古), 왕후는 아리지(阿里只)라는 거란식 이름을 사용했다는 이야기가 전해지기도 한다.

한편 발해를 멸망시킨 거란은 그 자리에 동쪽의 거란국이라는 의미로 동단국(東丹國: 또는 동란국)을 세웠다. 수도인 상경성은 천복성(天福城)이라 이름을 바꾸고 야율아보기의 아들 야율배(耶律倍)를 인황왕(人皇王)으로 삼아 다스리도록 했다. 하지만 얼마 지나지 않은 928년에 동단국은 랴오양으로 옮겨진다.

이 시기 발해의 대일 외교를 2차례 수행했던 배구는, 930년 발해가 아닌 동단국의 사신 자격으로 다시 한 번 일본을 방문했다. 그러나 일본 조정은 발해국을 멸망시킨 거란이 세운 나라의 사신으로 온 것을 알고, 배구에게 조진모초(朝秦暮楚: 아침에는 진나라에서, 저녁에는 초나라에서 거처한다는 말로 이편저편에 붙으며 줏대 없이 연명한다는 뜻)라 문책하면서 돌려보내고 말았다.

발해 유민의 고려 내투

발해인의 고려 내투(來投)는 발해가 멸망하기 전 발해와 거란 간 공방이 전개되던 때부터 시작되었다. 925년 9월 발해 장군 신덕(申德)이 500명을 이끌고 와서 투항했고 연이어 예부경(禮部卿) 대화균(大和鈞)과 대균로(大均老)·공부경(工部卿) 대복모(大福募)·좌우위장군(左右衛將軍) 대심리(大審理) 등이 100호를 이끌고 고려로 들어왔다. 12월에는 좌수위소장(左首衛小將) 모두간(冒豆干)과 검교개국남(檢校開國男) 박어(朴漁) 등이 1,000호를 이끌고 내투했다.

발해가 채 멸망하기 전에 이들이 내투한 상황은 무엇을 의미할까? 거란과 일전에 대한 위기감이 심각하게 팽배했거나 발해 사회 내부에 수습하기 어려운 문제가 대두했으리라 추측할 수 있다.

발해가 멸망하자 고려 내투는 더욱 다양하게 이루어졌다. 927년에는 공부경(工部卿) 오흥(吳興) 등 50명과 승려 재웅(載雄) 등 60명이, 928년 3월에는 금신(金神) 등 60호가, 7월에는 대유범(大儒範)이, 9월에는 은계종(隱繼宗)이 망명했다. 929년 6월에는 홍견(洪見) 등이 20척의 배로 고려에 왔고, 9월에는 정근(正近) 등 300여 명이 고려로 들어왔다.

934년에는 발해 세자 대광현(大光顯)이 수만 명을 거느리고 내투했다. 고려 태조 왕건은 대광현에게 왕계(王繼)라는 이름을 내려 고려 왕족에 추가하고 백주(白州: 황해도 소재)의 땅을 주어 발해 왕가를 유지하게 했다. 938년에는 박승(朴昇)이 3,000여 호를 이끌고 고려에 왔다.

979년부터 다시 내투가 이어졌으며, 1029년 발해 유민(遺民)이 세운 흥료국(興遼國)의 등장과 소멸, 그리고 1116년 역시 발해 유민이 세운 대발해(大渤海)의 건국과 소멸 시기에도 수만 명의 발해 유민이 내투했다.

기록상 수치만으로 정확히 얼마나 많은 사람들이 고려로 와 투항했는지 파악하기는 쉽지 않다. 적게는 수만 명, 많게는 30만 명이 내투했을 것으로 추정하고 있다.

후발해

발해는 926년 1월 거란의 침략으로 멸망했지만 이후 발해
인의 부흥운동은 200년간이나 지속되었다. 부흥운동이 일관
된 흐름 속에서 연속으로 이어진 것이 아니라 다양한 지역
과 다양한 출신들에 의해 불연속으로 일어났기 때문에 하나
로 정리해내기는 쉽지 않다. 하지만 세계사 무대에서 패망한
수많은 왕조의 어떤 부흥운동보다 장기간 지속되었다.

거란은 발해를 멸망시킨 직후 동단국을 세웠지만 발해인
들은 이를 받아들이지 않고 독자적으로 후당이나 송(宋)으로
사신을 파견했다. 중국 사서에는 926년 발해가 멸망한 이후
'발해' 사신이라고 칭하는 사절을 중국 왕조에 파견한 사실

이 기록되어 있다. 926년 7월 대소좌(大昭佐), 929년 5월 고정사(高正詞), 931년 12월 문성각(文成角), 932년과 935년 파견된 사신(이름 미상), 935년 11월 열주의(列周義)와 12월 열주도(列周道) 등이 확인된다.

이들이 스스로를 발해 사신이라 칭하고 있으므로 멸망 후 다시 새롭게 발해가 등장했다고 보아 이를 '후발해(後渤海)'라고 부른다. 하지만 사신 파견 이외에는 관련 기록이 없어 언제 건립되고 소멸되었는지, 중심 지역이 어디였는지 알 수가 없다. 다만 926년부터 사신 파견이 나타나고 있으므로 발해 멸망 직후 건립되어 10여 년 정도 존속하다가 멸망한 것으로 추정될 따름이다. 비록 그 실체를 확인하기는 어렵지만 멸망 직후 부흥운동을 일으켰다는 점에서 의미가 크다.

정안국

정안국(定安國)은 『송사』에 「정안국전」이라는 이름으로 기록이 남아 있다. 원래 마한(馬韓)의 종족인데 거란에 격파당하자 서쪽 변방에서 나라를 세웠다고 한다. 송에 파견된 사신이 남긴 말 가운데 본래 고구려의 옛 땅인 "발해의 유민"으로, "거란이 강하고 포악함을 믿고 국토를 침입하여 성채를 부수고 인민들을 사로잡아" "신의 할아버지가 지절을 지켜 항복하지 않고 백성들과 함께 피하여 다른 지역으로 가 가까스로 백성을 보전하여" 등이 있어, 발해 유민이 새롭게 정안국을 건립했다는 데는 이견이 없다.

이 기록의 앞부분에서 970년(송 태조太祖 개보開寶 3)에 정안국 왕 열만화(烈萬華)가 여진을 통해 송에 방물을 바치고 있으므로, 적어도 970년 이전에 건국되었음을 알 수 있다. 아울러 991년(송 태종太宗 순화淳化 2) 방물을 보낸 사실을 마지막으로 적고 다시 찾아오지 않았다고 기록하고 있으므로 이 시기를 전후로 소멸했다고 짐작된다. 성립 지역을 알 수 있는 근거는 없으나 여진을 통해 송과 교류하고 있으므로, 압록강 중상류 지역을 거점 삼아 존속했으리라 추측한다.

흥료국

11세기 초에는 흥료국(興遼國)이 등장하는데 이에 관한 내용은 『요사』에 전한다. 1029년(요遼 성종聖宗 9, 고려 현종顯宗 20)에 대연림(大延琳)이 거란의 동경유수부마도위(東京留守駙馬都尉) 소효선(蕭孝先)과 남양공주(南陽公主)를 가두고 주변 관료를 살해한 뒤 흥료국을 세웠다. 건국 즉시 고려에 사신을 보내 자신이 대조영의 7대손이며 거란을 배반하고 흥료를 세웠으며 연호는 '천흥(天興)'이라고 전했다. 특히 발해 왕실의 후손이라는 점과 독자 연호를 사용하고 있음을 분명히 했다. 비록 이 부흥 시도는 1년 남짓 지속되다가 실패하고 말았지만 그 행보는 여러 가지 면에서 주목해볼 만하다.

우선 근거지가 랴오양(遼陽: 거란의 동경東京) 일대라는 점이다. 이 지역은 거란이 발해를 멸망시킨 후 많은 발해 유민을 이주시킨 곳이다. 이곳에서 발해가 멸망한 지 100년이 지난 후 거란의 폭압적 통치에 대한 저항운동이 다시 발생한 것이다. 이는 마치 고구려 멸망 이후 당이 많은 고구려 유민을 강제 이주시키는 가운데 영주 지역에서 대대적인 반당 움직임이 일어났던 상황과 유사하다. 게다가 자신들이 발해 왕실의 후손이라는 정체성을 간직하고 있었다는 점에서 의미가 크다.

두 번째로 주목해야 할 점은 흥료국이 5회에 걸쳐 고려에 지원을 요청했다는 점이다. 비록 고려는 첫 번째 지원 요청에만 응하고 이후의 요청에 대해서는 적극적으로 응하지 않았다. 하지만 급박한 상황에 처한 흥료국이 수차례에 걸쳐 지원 요청을 한 것은, 고려와 흥료국이 고구려-발해로 이어지는 역사적 동질성을 바탕에 두었기 때문이 아닐까? 발해 유민의 대규모 고려 내투가 흥료국이 등장했다가 사라진 1030년을 전후로 이루진 것 또한 이러한 동질성 때문이라 할 수 있다.

대발해국

발해를 멸망시키고 동북아시아 지역에서 패권을 누리던 거란은 12세기에 접어들면서 세력이 약화되었다. 이와 때를 같이 하여 완안부(完顏部) 아골타(阿骨打)를 중심으로 여진 부족이 세력을 통일하고 강성해지고 있었다. 급기야 1115년 1월 아골타는 스스로 황제라 칭하며 국호를 금(金)으로 정하고 상경회령부(上京會寧府: 현재의 헤이룽장성 하얼빈시哈爾濱市 아청구阿城區)에 도읍했다. 이러한 급박한 정세 변화 속에서 발해 유민의 부흥운동도 새롭게 전개되었다.

아골타가 금을 건국한 직후인 1115년 1월과 2월 사이에 발해 유민 고욕(古欲)이 이끄는 부흥운동이 거란의 상경 일

대인 요주(饒州) 지역에서 일어났다. 고욕은 스스로를 대왕이라 칭했다고 전하지만 어떤 국호나 연호를 표방했는지는 알 수 없다. 당시 그는 발해의 제철 기술자 1,000호를 비롯한 4,000호의 유민이 거주했던 장락현(長樂縣), 발해 잡호를 주민으로 삼아 운영했던 안민현(安民縣), 정확한 정황을 알 수는 없지만 많은 발해 유민이 거주했으리라 추정되는 임하현(臨河縣) 등 3개 현을 장악하고 거란의 초기 토벌을 무력화시켰다. 이후 6월에 거란군은 대대적인 토벌을 강행했고 결국 고욕이 생포되면서 부흥운동은 실패하고 말았다. 하지만 발해가 멸망한 지 200년이나 지난 시기에 거란의 핵심 지역에서 단기간에 많은 유민이 합세했다는 점을 생각하면 의미가 크다. 비록 실패로 끝나고 말았지만 다음 해 정월에 일어난 고영창(高永昌)의 부흥운동을 낳는 동인이 되었다.

고욕의 부흥운동이 실패한 지 6개월여 만인 1116년 1월, 고영창이 다시 거란의 동경인 랴오양에서 발해 부흥운동을 일으켰다. 그는 동경유수 소보선(簫保先)의 비장이었으나 거란의 폭압에 저항하는 발해 유민을 이끌어냈다. 스스로를 황제라 칭하고 국호를 '대발해국(大渤海國)'이라 했다. 고영창의 대발해국은 동경도(東京道) 내 79주(州) 중 50주를 차지할 정도로 강력한 위세를 떨치면서 금에 사신을 보내 연합하여 거란을 공격할 것을 요청했다. 그러나 금에 대한 요청이 오히려 화근이 되었다. 금은 거란에 대한 연합 작전은 찬성하지만 급속하게 성장하고 있는 대발해국을 인정하지 않았다. 금은 고영창의 투항을 요구했고 이에 불복하자 금은 오히려 그의 세력이 확산되는 것을 우려하여 대발해국을 침략해 왔다. 결국 내부 배반 세력에 의해 고영창은 생포당했고 대발해국은 멸망하고 말았다.

비록 대발해국의 부흥운동 역시 실패로 끝나고 말았지만 발해가 멸망한 지 200년이 지난 뒤에도 뚜렷한 발해 계승의식을 견지하며 발해 부흥국을 지향했다는 점은 큰 의미를 갖는다. 이로써 발해를 부흥하기 위한 기나긴 저항은 끝이 났다. 하지만 926년 멸망 이후 200년이 지난 시점까지 발해유민이 스러져간 고국을 재건하기 위한 뜨거운 염원과 발해인으로서 분명한 정체성을 가슴속에 간직했다는 사실은 역사상 유례가 없는 일이었다.

한편 앞에서 언급했듯이 발해 유민의 고려 내투는 대발해국이 멸망한 직후인 1117년까지 계속 이어진다. 발해 유민의 고려 내투는 거란에 대한 예속을 거부하고 선택한 길이라는 점에서 역사적 의미가 크다. 이들의 내면에 남아 있는 발해인이라는 의식이 고구려를 계승했다는 고려인의 의식과 서로 맞닿아 있음을 보여주기 때문이다.

백두산 화산 폭발과 발해의 멸망

발해의 멸망으로 북방 영토가 한국사의 무대에서 사라진 안타까움은 발해의 급작스러운 패망 원인을 밝혀보려는 노력으로 이어졌다. 세인의 관심을 모았던 것 중 하나가 일본 NHK 방송국이 방영한 '발해, 백두산에 묻힌 멸망의 진실'이었다.

일본 화산학자 마치다 히로시(町田洋)는 일본 도호쿠(東北) 지방의 독특한 화산재에 주목하고, 그것이 서쪽으로 갈수록 두텁게 쌓여 있는 것을 단서로 백두산의 대규모 화산 폭발이 발해 멸망을 초래했을 것이라고 주장했다.

그러나 백두산에서 채취한 탄화목의 연대를 측정하는 정밀 연구의 결과, 화산 폭발 시기는 발해가 멸망한 이후인 939년 1월에 근접한다는 결론을 얻었다. 이로써 백두산 화산 폭발이 발해 멸망의 직접 원인이라는 주장은 설득력을 잃었다.

하지만 백두산 폭발과 발해 멸망이 전혀 무관하다고는 볼 수 없다. 백두산 화산 분출이 10세기에 이루어졌다면 발해의 쇠퇴, 그리고 멸망 후 부흥운동의 단절에 큰 영향을 미쳤을 가능성을 무시할 수 없기 때문이다. 백두산이 폭발하지 않았다면 발해는 다시 일어날 수 있었을까? 뚜렷이 손에 잡힐 만한 답을 구하기는 어렵지만 여전히 안타까움과 궁금증을 불러일으킨다.

변함없이 이어지는 발해인의 습속

발해인은 멸망 후에도 자신들의 고유 습속과 생활 방식을 잃지 않았고 스스로 발해인이라는 정체성을 간직하고 있었다. 1009년 거란에 사신으로 파견되었던 송나라 왕증(王曾)이 남긴 여행기는 이와 관련된 여러 사실을 전하고 있다. 발해가 망한 지 80년이 지난 이후에도 이들을 거란인이 아닌 발해인으로 기록하고 있다는 점은 의미가 각별하다.

왕증이 쓴 여행기 『왕기공행정록(王沂公行程錄)』 중 요나라 중경도(中京道: 요나라 지방제도의 한 단위. 수도는 현재의 네이멍구자치구内蒙古自治區 닝청현寧城縣 시타밍진西大明鎭) 관내를 유람한 부분에서 발해 유민의 행적을 찾을 수 있다. 유하관(柳

河館)에 이르니 그곳 강가에 관방(館旁)이 있고 서북쪽 야철 (冶鐵) 생산지에서 발해인이 모래와 돌에서 철광을 채취하면 서 제철하고 있다고 기록했다. 이들은 거란에 의해 강제 이 주당한 발해 유민으로 사철(砂鐵) 생산에 종사하고 있던 사 람들로 보인다.

이 지역에서 발해인들이 모여 노래하고 춤을 추는 장면도 묘사되어 있다. 노래와 춤에 능한 사람들이 앞서 가면 그 뒤 를 남녀가 뒤따르면서 서로 화답하여 노래 부르며 빙빙 돌 고 구르면서 노는데 이를 '답추(踏鎚)'라 부른다고 기록했다.

또한 석자령(石子嶺)을 지나 70리를 가서 부곡관(富谷館)에 이르자 그곳에 많은 사람들이 거주하면서 수레[車]를 제조하 고 있었는데 이들을 발해인이라 부른다고 기록하고 있다.

왕증의 기행문에 묘사된 내용을 통해 거란 지배 아래에 서 동경도 지역만이 아니라 중경도 지역에까지 강제 이주당 하여 새로운 거주지에서 생활하고 있는 발해 유민의 실상을 확인할 수 있다. 비록 고국이 멸망당했지만 이들은 스스로 발해인이라는 정체성을 가지면서 자신들의 고유한 습속을 유지하고 발해 시대에 발전된 기술과 재능을 발휘하고 있었 음을 알 수 있다.

이광호, 「발해의 춤」, 1998. 답추를 추는 발해인을 묘사한 기록화

발해의 도성은 어떠했을까?

도성은 좁은 의미로 본다면 성곽으로 구획된 수도에 한정되지만, 넓게 보면 이를 유지하기 위해 형성된 외곽의 다양한 운영 체제까지 포함한다. 즉 도성을 중심으로 이를 방어하기 위한 성곽, 농경 유적·제철 유적·가마 유적[도요陶窯]과 같은 생산 시설, 물자나 인력의 원활한 수송을 위한 교통 시설, 그리고 종교 건축으로서 사찰지, 왕실이나 귀족의 묘지 등 다양한 사회 기반이 종합적으로 구성된다. 따라서 도성의 운영을 입체적으로 이해하기 위해서는 좁은 의미의 도성을 넘어서서 넓은 의미의 도성 체제에 주목하는 것이 필요하다.

발해는 모두 4차례 천도했다. 구국(舊國: 현재의 지린성 둔화시敦化市 샨루현賢儒縣. 상경 천도와 함께 새로운 통치 체제를 마련하면서 이 지역을 '구국'이라 칭했다고 추정된다)에서 건국의 위업을 이룬 뒤, 문왕 재위 기간 동안 3번의 천도가 연이어 이루어졌다. 문왕 초기에 중경으로 옮겼고 중기에는 상경으로 천도했으며 말기에는 다시 동경으로 천도했다. 성왕이 즉위하자 또다시 동경에서 상경으로 옮겼고 이후 상경이 줄곧 발해의 수도로서 역할을 담당했다.

그렇다면 발해는 도성을 유지하기 위해 어떤 방식으로 도성 체제를 운영했을까? 수도였던 이 4개 지역에 대한 현재까지 발굴 성과를 토대로 살펴보기로 한다.

구국

이 지역의 도성 체제는 고구려와 마찬가지로 평지성과 산성이 한 쌍을 이루었다. 동모산(東牟山)이 성산자산성(城山子山城)이라는 데는 이견이 없지만 평지성에 해당하는 곳으로는 오동성(敖東城)과 영승유적(永勝遺蹟) 두 곳이 거론되어왔다. 종전에는 오동성으로 비정했고 최근에 와서는 영승유적이 좀 더 설득력을 얻고 있지만 여전히 논란은 있다. 논란을 매듭짓지 못한 이유는 중국 학계가 이곳을 본격적으로 발굴·조사한 것이 아니라 지표조사에 그쳤기 때문이다.

영승유적의 북동쪽에는 육정산고분군(六頂山古墳群)이 있다. 1949년 정혜공주묘를 비롯하여 총 7기의 고분이 발굴되었고 이후 수차례 발굴을 통해 약 140여 기의 고분이 확인되었다. 육정산고분군은 이곳이 발해 초기 도읍지라는 사실을 결정적으로 확정짓는 근거가 되었다.

구국에서 상경으로 향하는 주요 교통로를 따라 발해의 독특한 건축 유적인 강동24개돌(江東二十四個石)·관지24개돌(官地二十四個石)·해청방24개돌(海靑房二十四個石)·요전자24개돌(腰甸子二十四個石) 등이 분포하고 있는 것도 흥미롭다.

상경용천부

상경성(上京城)은 헤이룽장성 닝안시에 있다. 외성(外城)·황성(皇城)·궁성(宮城)의 3중성으로 이루어져 있는데 궁성과 황성은 북쪽으로 치우쳐 있다. 황성을 내성으로, 또는 황성과 궁성을 합쳐 내성이라 부르기도 한다. 외성은 전체적으로 동서로 긴 장방형을 이루고 있는데, 궁성을 북쪽 가운데 두고 황성과 외성이 둘러싼 형세를 이룬다. 외성은 동벽 3,347미터·서벽 3,400미터·남벽 4,588미터·북벽 4,958미터로 전체 16,293미터에 달한다. 연면적은 15.88제곱킬로미터로 여의도 면적(8.5제곱킬로미터)의 2배가량 된다. 규모 면에서 보면 당의 장안성(長安城)에 못지않다. 평면도를 통해 보면 궁성 내부는 동쪽·서쪽·남쪽은 외성·황성·궁성의 동벽·서벽·남벽이 각각 둘러싸 3중 방어 체제를 이루고 있다. 북쪽은 외성 북벽과 황성 북벽이 일치하므로 여기에 궁성 북벽이 더해져 2중 방어 체제를 이룬다.

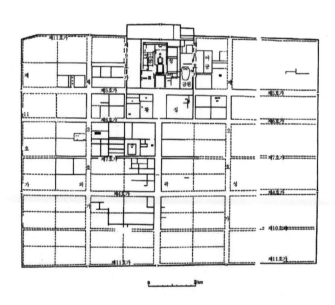

상경용천부 고성 평면도

외성 성벽에서 지금까지 확인된 성문터는 모두 11개로 남벽에 3개, 동벽과 서벽에 각 2개, 북벽에 4개가 있다. 외성 내에는 남북으로 관통하는 도로가 3개, 동서로 관통하는 도로가 5개 있으며, 황성 동벽과 서벽을 따라 남북으로 난 도로가 각각 1개씩 있다.

구조 면에서 보면 전체적으로 가운데 중심축을 두고 동쪽과 서쪽이 대칭을 이루고 있으며, 외성 남문에서부터 주작대로(朱雀大路), 황성 남문, 궁성 남문, 제1궁전·제2궁전·제3궁전·제4궁전·제5궁전, 궁성 북문, 외성 북문이 일직선 위에 형성되어 있다.

황성은 궁성 앞 중앙 광장을 사이에 두고 동구(東區)와 서구(西區)로 나뉜다. 동구와 서구에는 각각 여러 건물이 있었던 것으로 추정되나 구체적인 성격은 아직 파악하지 못하고 있다. 그 뒤로 중심축을 따라 궁성 남문인 오봉루(五鳳樓)가 있고 제1궁전·제2궁전·제3궁전·제4궁전·제5궁전이 차례로 자리 잡고 있다. 궁전의 외형은 이미 사라지고 없지만 현재 남아 있는 기단이나 주춧돌 등을 토대로 규모와 구조를 짐작할 수 있다. 제1궁전에서는 인동무늬 벽돌, 돌사자머리, 녹색 유약을 바른 치미, 용머리, 기둥밑장식 등이 출토되어 이곳이 화려하게 장식된 격조 높은 궁궐이었음을 짐작할 수 있다. 기둥밑장식은 기둥과 주춧돌이 만나는 부분에 씌우

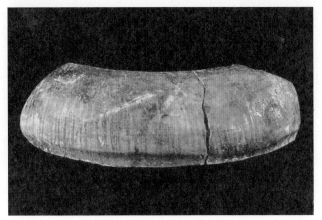
삼채 기둥밑장식(제1궁전터 출토)

는 커다란 고리 모양의 삼채(三彩: 도자기의 한 종류. 3가지 빛을
띤 도자기라는 의미에서 붙여진 이름이다) 장식으로 발해의 독특
한 형태다.

　가장 규모가 컸던 제2궁전은 정작 심하게 훼손되어 형체
를 파악하기 어려운 지경이다. 이곳에서도 삼채로 장식한 돈
보이는 유물들이 출토될 뿐 아니라 궁전 동쪽 지역에서 품
계석(品階石) 같은 석재 유물이 발견되어 이곳이 경복궁의
근정전처럼 정전(正殿)이었음을 알 수 있다.

　제3궁전과 제4궁전은 서로 이어져 있다. 1960년대 보고서
에 따르면 제4궁전에 2개의 구들 흔적이 있으며 그 북쪽 끝
은 각각 굴뚝과 연결된다. 이런 정황으로 미루어 보건대 제

삼채 귀면와(제2궁전터 출토)

3궁전은 편전(便殿), 제4궁전은 침전(寢殿)에 해당된다.

제5궁전은 앞의 궁전들과 달리 회랑이 없고 주변을 성벽이 둘러싸고 있다. 또한 72개의 주춧돌이 빽빽하게 들어 차 있는 것으로 보아 2층 이상의 누각이 있었던 것으로 추정된다. 국왕 차원의 소규모 연회 등을 베풀었던 장소로 여겨진다. 주변에 성벽까지 둘러친 것을 보면 왕실에서 격식 없이 편한 자리를 때때로 즐겼던 곳이 아닌가 한다.

중심축 동쪽의 동궁(東宮: 평면도에는 '금원禁苑'이라 표기되어 있다)은 궁전의 정원에 해당한다. 북쪽으로 궁전이 위치해 있고 그 앞에 인공으로 조성된 커다란 연못과 그 양쪽에 인공으로 쌓아 만든 산을 두었다. 연못 안에도 2개의 작은 산이 있고 그 위에 정자를 두었다. 이곳에서는 주로 연회 등 조정 차원의 공식 행사가 이루어졌을 것으로 추정된다.

궁성 밖 또한 동서 대칭 구조를 이루며 여러 중요 시설을 갖추고 있었다. 절터, 주거지, 그 밖에 관청 시설이나 시장 같은 것이 있었을 것이다. 현재 10개 절터가 확인되었다. 규모 면에서나 구조 면에서나 가히 당의 장안성에 버금가는 황제 도성의 면모를 갖추고 있다.

넓은 범위에서 상경용천부를 살펴보면 도성 체제는 더욱 복합적으로 운영되었음을 알 수 있다. 상경용천부가 관할하던 지역은 용주(龍州)·호주(湖州)·발주(勃州)다. 이 중 용주는 상경성이 있는 지역이며 발주는 상경성 북쪽, 호주는 상경성 남쪽 지역으로 추정된다.

상경 주변에는 도성을 방어하는 체제와 도성을 운영하는 데 필요한 체제가 집중 분포되어 있다. 우선 방어 체제로는 상경성에서부터 북쪽으로 무단강을 따라 남성자고성(南城子古城)·대목단고성(大牡丹古城)·대왕산성(岱王山城)·승리촌성보(勝利村城堡)·해랑고성(海浪古城)·용두산고성(龍頭山古城)·복흥고성(福興古城) 등이 있다. 상경 남쪽으로는 먼저 무단강을 건널 수 있는 하마하교지(下馬河橋址)·상관교지(上官橋址)·우장교지(牛場橋址)·평안교지(平安橋址) 등 다리 유적이 발견되고 있다. 좀 더 아래로 내려가 징포호 주변에는 성장

립자산성(城墙砬子山城)을 비롯하여 성자후산성(城子后山城)·
중순하산성(重脣河山城) 등이 있다. 뿐만 아니라 상경 일대를
방어하기 위해 장성(長城)을 쌓기도 했다. 지금까지 발견된
장성 유적으로는 목단강장성(牡丹江長城)·강동장성(江東長
城)·경박호장성(鏡泊湖長城) 등이 있다.

수도에 살다가 죽은 왕족이나 귀족을 안치한 고분군들 또
한 다수 분포하고 있다. 홍준어장고분군(虹鱒魚場古墳群)·대
주둔고분군(大朱屯古墳群)·삼령둔고분군(三靈屯古墳群) 등이
있다. 이 고분들이 상경성 안이 아닌 밖에 존재한다는 점은
상경성이 건설된 당시부터 면밀한 계획 아래 형성되었음을
말해준다.

중경현덕부

중경성(中京城)으로 비정되는 서고성(西古城)은 지린성 허
룽시 시청진(西城鎭) 베이구청촌(北古城村) 서북쪽에 있다. 크
게 외성과 내성으로 구성되며 남북으로 720미터, 동서로 약
630미터로 전체 둘레 길이는 2,700미터에 이른다. 내성은 외
성의 중심축에서 북쪽으로 치우친 곳에 있으며 장방형이다.
1942년에 발표된 도리야마 기이치(鳥山喜一)의 『간도성고적

조사보고(間島省古跡調査報告)』에 따르면 모두 5개의 궁전터 가 있었다고 한다. 제1궁전·제2궁전·제5궁전은 남북으로 일직선상에 배치되어 있고, 제3궁전과 제4궁전이 각각 제 2궁전의 동서에 배치되었다.

상경과 마찬가지로 제2궁전의 규모가 가장 크다. 제1궁전 과 제2궁전은 모두 중심 건물과 동서 양쪽으로 곁채를 두고 있으며, 동서 회랑으로 서로 연결된다. 뿐만 아니라 중앙에 도 서로 연결하는 복도가 있다. 제2궁전터 뒤편에는 상경의 제4궁전터에서 발견된 것과 동일한 구조로 2개의 굴뚝이 있 다. 제3궁전터 뒤편에도 양쪽에 굴뚝이 나 있으며, 이와 달리 제4궁전터에서는 서쪽에만 굴뚝 시설이 있다.

중경 주변 또한 방어 체제와 운영 체제가 고루 자리하고 있다. 중경 일대는 발해 지역 중 가장 많은 유적이 분포한다. 서고성 가까운 주변만 하더라도 잠두성(蠶頭城)·팔가자산성 (八家子山城)을 비롯하여 동북으로 하남고성(河南古城)·모아 산돈대(帽兒山墩台)·영성고성(英城古城)·하룡고성(河龍古城)· 성자산산성(城子山山城) 등이 있다.

서고성 주변의 가장 대표적인 고분군인 용두산고분군(龍 頭山古墳群)은 다시 용해(龍海)·용호(龍湖)·석국(石國) 고분군 으로 구분된다. 용해고분군에서는 정효공주묘에 이어 문왕 의 효의황후(孝懿皇后), 간왕의 순목황후(順穆皇后) 무덤이 확인되었다. 이곳에서는 묘지 외에도 금제관식·금제 팔찌 등 왕실의 모습을 보여주는 유물이 출토되었다. 이 가운데 조우관과 유사한 금제관식·연화문와당(蓮花文瓦當) 등은 고구려적 요소로, 고구려 전통과 계승의식을 강하게 보유한 이 지역의 특성을 잘 보여주고 있다. 더욱이 짧은 중경 시대만이 아니라 상경으로 천도한 이후에도 문왕·간왕의 친족들이 이곳에 매장되었다는 점은 이채롭다.

발해 왕실이 줄곧 중경을 특별한 지역으로 여기고 있었음을 알 수 있는데, 이곳이 고구려의 옛 땅임을 상기해본다면 발해 왕실 스스로 자신들이 고구려를 계승했음을 잊지 않고 있었다는 것을 말해주는지도 모른다.

이 밖에 중경 일대에는 북대고분군(北大古墳群)·복동고분군(福洞古墳群)·명암고분군(明岩古墓群)·하남둔고분군(河南屯古墳群) 등이 있다.

동경용원부

동경성(東京城)은 현재 지린성 훈춘시 팔련성(八連城)으로 비정된다. 이곳 또한 내성과 외성으로 이루어져 있다. 현재 내성 안에 있는 건물터에 대한 발굴과 정비 작업이 완료되

용두산고분군에서 발굴된 발해 금제관식

었다. 내성 터는 북쪽으로 치우친 곳에 위치하고 있는데, 가
장 높은 둔덕에 형성된 곳이 바로 제1궁전이며 그 뒤로 제
2궁전이 있다. 제1궁전은 정전에 해당하며 제2궁전은 침전
으로 추측된다. 이 2개 궁전의 구조는 중경 서고성과 상경성
제3궁전·제4궁전 구조와 유사하다.

두 궁전 역시 모두 양쪽에 곁채를 두고 있으며 동서 회랑
으로 서로 연결되어 있다. 궁전과 궁전 사이에는 복도와 중
청(中廳)이 있으며 제2궁전터 뒤편에는 상경성 제4궁전터에
서 발견된 것과 동일한 구조로 2개의 굴뚝이 있다. 이곳에서

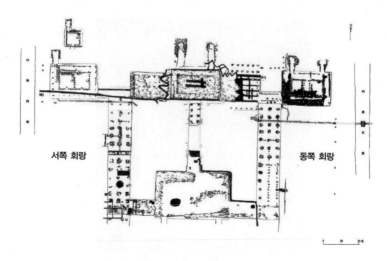

동쪽 회랑

팔련성 내성 평면도

는 고구려 계통의 연화문와당이나 이불병좌상(二佛竝坐像) 등이 출토되는 한편, 상경이나 서고성에서 출토된 것과 같은 기와 조각도 다수 발굴되었다.

동경은 비록 8년간 수도 역할을 담당한 데 불과하지만, 이 곳이 흑수말갈과 신라·일본으로 가는 주요 거점이라는 점을 감안해보면 교통이나 군사 면에서 그 중요성이 매우 높았다.

팔련성 주변에는 동남사찰지(東南寺廟址)·오일사찰지(五一寺廟址)·신생사찰지(新生寺廟址)·삼가자양종장사찰지(三家子良種場寺廟址)·마적달사찰지(馬滴達寺廟址) 등 다른 도성과 비교될 만큼 사찰 유적이 다수 분포하고 있다. 반면 도성으

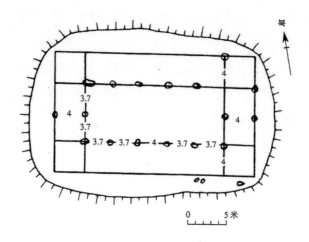

신생사찰지 평면도

로 사용된 시기가 짧았던 탓인지 고분은 그다지 없으나, 발해의 독특한 건축 양식인 탑묘(塔墓) 중 하나인 마적달탑지(馬滴達塔基)가 있다. 이에 대해서는 뒤에서 다시 살펴보겠다.

남경과 서경에 대해서는 아직 논란이 남아 있으며 도성의 구조나 규모에 대해서도 확인되지 않는다. 남경은 함경남도 함흥이라는 설도 있었으나 현재는 함경남도 북청이라는 학설이 더욱 설득력을 얻고 있다. 북청 일대에서 남북 340미터, 동서 500미터에 달하는 청해토성(青海土城) 발굴이 진행되면서 점차 이곳을 남경남해부로 비정하는 학설이 설득력을 얻고 있기 때문이다.

서경은 지린성 린장시(臨江市)와 지안시(集安市)의 두 학설로 나뉘고 있다. 린장시 일대에서 발해 것으로 추정되는 유물이 발견되고 이 일대에 고성이 존재한다는 기록이 있어 좀 더 주목받고 있지만, 도성 규모를 확인할 정도의 단서가 부족하여 더 검토가 필요하다.

다양한 요소가 공존하는 발해 문화

발해 문화는 여러 문화 요소가 공존하고 있다. 발해는 광활한 영역을 활동 무대로 말갈 여러 부족을 통합하고 다양한 문화를 포괄하면서 찬란한 문화유산을 창조했던 것이다.

건국 초기에는 고구려 옛 지역에 중심지를 정했던 만큼 고구려 문화를 바탕으로 했다. 문왕 이후 당과 관계가 호전되고 그 문화를 적극 받아들이면서 당나라 문화 요소 또한 발해 문화의 중요한 부분을 차지하기 시작했다. 이 밖에 말갈의 고유문화, 중앙아시아나 시베리아에서 전해진 문화 요소도 포함되었다. 이러한 가운데 발해만의 고유한 특성과 독자성을 보여주는 문화 요소 또한 나타나고 있다.

발해 고분

발해 고분은 석축묘(石築墓)·전축분(塼築墳: 벽돌무덤)·토광
묘(土壙墓: 널무덤) 등 다양한 형태가 존재한다. 이 중 주류를
이루는 유형은 석축묘로 고구려의 석실봉토분(石室封土墳)의
영향이 이어지고 있다. 석축묘는 다시 돌방형·돌무지형·돌
(덧)널형으로 구분된다. 돌방형은 발해 고분의 상당수가 이
에 해당하는데, 대표적인 무덤으로 삼령둔고분(三靈屯古墳)
과 육정산고분군의 정혜공주묘를 들 수 있다. 정혜공주묘는
묘실(墓室: 무덤방)·연도(羨道: 널길)·묘도(墓道: 무덤길)로 구성
된 단실묘(單室墓)다. 묘실의 벽면은 현무암을 이용하여 구축
했는데, 천장은 평행고임식으로 축조하고 그 위에 판석을 덮

정혜공주묘 평면도

어 마무리했다. 벽면에는 백회(白灰)를 발랐으나 거의 탈락되었다.

전축분으로는 정효공주묘와 하남둔고분군 중 일부가 있다. 정효공주묘는 벽돌과 판석으로 축조되었다. 무덤 위에 탑신이 있었으나 이미 붕괴되었고 현재는 기단부만 남아 있다.

전체적으로 묘실의 벽은 돌을 쌓아올린 후 그 위에 장방형 벽돌을 2~3층 쌓았다. 올라갈수록 안쪽으로 들어가게 쌓아 무덤 천장을 조성한 뒤 몇 개의 커다란 판석을 덮었다. 벽

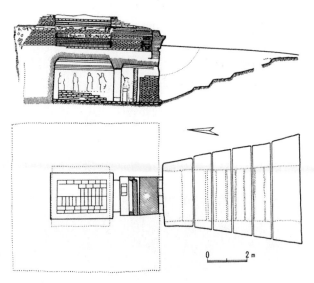

정효공주묘 실측도

돌을 쌓는 당나라 양식과 돌로 공간을 줄이면서 천장을 쌓는 고구려 양식이 결합된 형식이다.

벽면과 천장은 모두 백회를 발랐고, 벽면에는 벽화가 그려져 있는데 무사·시위·내시·악사 등 모두 12명의 인물이 그려져 있다. 벽화는 헤이룽장성 닝안시 삼릉둔(三陵屯) 2호묘와 함경북도 화대군 금성리 고분에서도 발굴되었다. 전자에서는 인물상뿐 아니라 꽃 그림이 확인되었으며, 후자는 거의 훼손되어 인물의 다리 부분이 그려진 일부만이 확인된다.

토광묘 또한 비교적 광범위한 지역과 시기에 걸쳐 존재한

정효공주묘 안칸 인물도

다. 발해 성립 초기에 토광묘가 나타나고 있으며, 변경 지역에는 말기나 그 이후에 다수의 토광묘가 나타난다. 지역적으로는 대해맹유적(大海猛遺蹟)·육정산고분군·동청고분군(東淸古墓群) 등에 토광묘가 분포한다.

석축묘는 고구려 고분 양식을 계승한 것으로 보는 것이 일반적이며, 전축분은 당과 교류 과정에서 유입된 것으로 이해한다. 반면 토광묘의 경우 말갈 계통의 고분 양식으로 판단된다.

전축분과 함께 주목할 만한 것이 바로 전실탑묘(塼室塔墓: 벽돌로 묘실을 만들고 그 위에 벽돌 탑을 세운 양식)다. 이는 다른 지역이나 왕조에서 거의 나타나지 않는 발해만의 독특한 양식이다. 지궁이라 불리는 지하 무덤을 설치하고 그 위에 탑을 조성한 형식이다. 전체 구조는 지하 무덤·무덤안길·무덤문·무덤길·지상 탑으로 구성되어 있다. 무덤 입구는 탑의 남면 중앙에 두었는데 대개 남쪽이 넓고 들어갈수록 좁아지는 계단식으로 조성되어 있다. 탑은 보통 내부에 빈 공간을 두고 4면을 벽돌로 쌓아올린 형태이며 북쪽에서 남쪽을 향하고 있다.

탑 지하에 별도 공간을 두는 것은 승려의 시신을 화장한 뒤 수습한 사리를 봉안하는 불교 양식이며, 무덤 위에 탑을 배치한 것은 고구려 묘상건축(墓上建築)의 영향으로 볼 수 있다. 하지만 불사리가 아닌 시신을 지하에 안치했다는 점이나 건축물이 아닌 탑을 묘 위에 세운 점은 발해만의 독자성을 보여주는 것이라 하겠다.

전실탑묘 건축으로 현재까지 확인된 것은 정효공주묘탑·마적달탑·영광탑(靈光塔)이 있다. 이 중 현재 원형을 유지하고 있는 것은 영광탑으로, 이를 통해 정효공주묘탑과 마적달탑의 모습을 추정해볼 수 있다.

그 밖에 왕실 무덤 가운데는 부부 합장묘가 유독 많다. 송나라 홍호(洪皓)가 쓴 『송막기문(松漠紀聞)』에는, 발해의 부인들은 서로 의자매를 맺고 남편을 감시하면서 첩을 두지 못하게 하거나 남편이 외출한 동안 서로 모의하여 첩을 독살하기까지 했다는 등의 이야기가 전한다. 이러한 풍습 때문에 동시대 다른 지역에는 기생이 존재하거나 첩을 둘러싼 갈등이 있었지만 발해에는 그런 일이 없었다고 부연하고 있다. 이 전승은 발해 사회가 엄격한 일부일처제로 운영되던 사회라는 점을 알려준다. 부부 합장묘가 상대적으로 많이 확인되고 있어 이런 장례 문화 역시 일부일처제의 영향이 아닐까 추정해볼 만하다.

24개돌 유적

24개돌은 발해의 독특한 건축 유적이다. 각 줄마다 8개씩 줄지어 선 주춧돌이 모두 3줄을 이루고 있으므로 24개돌이 된다. 주춧돌의 너비는 작게는 40센티미터부터 크게는 90센티미터에 이르며, 높이는 45~90센티미터 정도다. 줄 간 간격은 3미터 내외고, 주춧돌 간 간격은 1미터 내외다. 주춧돌 간 간격이 너무 좁아 주춧돌 위에 기둥을 세워 짓는 일반 건축물 유적으로 보기는 어렵다.

이런 연유로 이 유적이 무엇을 위해 지어졌으며 무슨 용도로 사용되었는지를 둘러싸고 다양한 견해가 제시되고 있다. 곡식 등을 보관한 창고 건물로 보는 견해도 있고, 발해 왕실의 존엄을 기념한 건물로 보는가 하면, 신앙과 관련된 제례를 지내던 종교 건물로 해석하기도 한다.

24개돌 유적으로 그 소재가 알려진 것은 총 12개다. 지역으로 보면 어느 한 곳에 치우친 것이 아니라 발해 전역에 광범위하게 분포하고 있다. 구국에서 상경으로 가는 길목에 강동(江東)·관지(官地)·해청방(海青房)·요전자(腰甸子) 4개 유적이 있으며, 징포호 부근에 경풍(慶豊)·만구(灣溝) 2개 유적이 있다. 동경에서 상경으로 가는 길목이던 지린성 왕칭현(汪淸縣) 싱룽(興隆)에서도 1개가 발견되었으며, 두만강 연안 교통

만구24개돌 유적

로 부근에 위치한 석건평(石建坪)·마패(馬牌) 2개 유적도 있
다. 북한 지역에서도 함경북도 송평(松坪)·회문리(會文里)·동
흥리(東興里) 3개 지역에서 24개돌이 발견되었다. 대부분 경
관이 수려하고 교통이 편리한 지역에 위치해 있으며 주변에
는 발해 시기의 유적들이 분포해 있다.

발해의 불교문화

발해 불교는 당시 통일신라와 마찬가지로 왕실과 귀족의 지원 아래 널리 발전했다. 특히 문왕 대에 이르러 크게 번성했는데, 문왕은 자신의 존호에 '금륜(金輪)'이나 '성법(聖法)'이라는 불교식 명칭을 사용할 정도로 불법으로 세상을 통치하고자 했다.

불교가 번성함에 따라 상경·중경·동경 지역에 사찰이 집중 건립되었으며 불교 예술도 발달했다. 현재 가장 잘 남아 있는 불교 조각은 상경성 흥륭사(興隆寺)에 있는 석등이다. 현무암을 사용하여 제작되었는데 높이가 무려 6미터에 이른다. 받침돌·기둥돌·등실·상륜의 구조를 이루고 있는데, 받침돌과 기둥돌의 이음 부분에는 복련화(覆蓮花: 꽃부리가 아래로 향한 모양의 연꽃)가 새겨져 있으며 기둥돌과 등실이 이어지는 부분에는 앙련화(仰蓮華: 꽃부리가 위로 향한 모양의 연꽃)가 새겨져 있다. 등실에는 8개의 창을 내었으며 등실 위에는 팔각형의 옥개를 덮었다. 옥개의 처마 부분에는 서까래가 묘사되어 있으며 지붕 끝에는 막새기와(와당)까지 표현하는 등 섬세한 조형을 이루고 있어 발해 당시 건물 구조나 조성을 짐작해볼 수 있는 좋은 단서가 된다.

불상은 금·은·동·돌·도기 등 다양한 재료로 만들어졌다.

흥륭사 석등(좌)과 팔련성에서 출토된 이불병좌상(우)

불상의 자세도 좌상·입상 등 다양하며 형태로는 독존불상·
이불병좌상·삼존불상 등이 있다.

　이불병좌상의 경우 한반도에서는 신라시대 작품 2구, 고
려시대 작품 1구만이 발견된 데 비해 동경용원부에서만 무
려 8구가 출토되었다. 뿐만 아니라 발해 내에서도 상경이나
중경에서는 관음상이 주를 이루고 있기 때문에, 이불병좌상
이 유독 동경에만 집중적으로 나타나는 점은 흥미롭다.

　그 밖에 토대자(土臺子)·대성자고성(大城子古城)·영성촌(英
城村)·백묘촌(白廟村)·함장촌(喊場村) 등에서는 사리함이 출토되었다. 특히 토대자에서 출토된 사리함은 밖에서부터 돌함-철함-칠갑-동함-은함으로 층층이 만들어졌다. 칠갑에는 꽃과 새의 도안을 새겼고 은함은 비단으로 여러 겹 쌌다. 은함의 덮개에는 구름무늬가, 네 벽에는 사천왕상이 조각되었다. 은함 안에 복숭아 모양의 병을 넣고 그 안에 다시 남색 유리병을 넣은 다음 그 병 속에 5과의 사리를 안치했다.

발해의 토기와 기와

발해인이 사용했던 그릇도 상당수 발굴되었다. 크게 도기(陶器)와 자기(瓷器)로 구분되며 도기는 다시 유약(釉藥)의 유무에 따라 구분된다. 대부분의 발해인은 유약을 바르지 않은 도기를 사용했다.

초기에는 재료가 되는 흙이 거칠고 모래가 많이 포함되어 있으며, 색깔이 고르지 못하고, 손으로 빚은 도기가 다수를 차지한다. 이는 말갈계 도기로 이해된다. 그러다 점차 바탕흙 가운데 모래의 비중이 줄고 손이 아니라 물레를 사용한 도기들이 확산된다. 한편 삼채를 유약으로 사용한 도기도 생활 용기로 이용되었는데 북대고분군에서는 삼채 도기가, 용두산고분군에서는 삼채 도용(陶俑)이, 삼릉둔고분군에서는 삼채 향로가 발굴되었다.

그릇은 형태상 몇 가지 유형으로 구분된다. 먼저 말갈 전통을 담은 도기는 입술이 두 겹이며 몸통이 긴 통형관이다. 반면 입이 벌어지고 몸통에 가로띠 손잡이가 달린 것은 고구려 계통에 해당한다. 삼채나 자기는 당에서 유래했으나 발해 삼채로 재창조되어 그 독자성과 수준을 유지했다. 당나라 때 소악(蘇鶚)이 편찬한 『두양잡편(杜陽雜編)』에 따르면, 당

발해 삼채 향로

지압무늬 기와와 대롱무늬 기와, 그리고 내부 성형 흔적

무종(武宗) 황제가 발해에서 만든 그릇을 옆에 두고 약과 음식을 담아두었다고 하며 두께가 한 치 정도여서 들여다보면 마치 기러기 깃털처럼 가볍고 빛깔이 투명하다고 전하고 있어 그 수준을 짐작해볼 수 있다. 발해의 도자기 기술은 후에 거란에 계승되어 요(遼) 삼채의 발달을 이끌었다.

기와는 주요 유적에서 상당수 발굴되었다. 기와의 겉면은 새끼줄무늬·그물무늬가 장식되는 경우가 있지만 민무늬도 많다. 안쪽은 주로 직물 자국이 남게 되는데 발해 기와는 손가락으로 성형하여 이 자국을 지운 것이 특징이다. 가장자리에는 지압(指壓)무늬나 대롱무늬(공작새깃털무늬라고도 한다) 등이 특징적으로 나타난다. 수막새의 문양으로는 연꽃무늬가 가장 많은데 이는 고구려 문화의 계승을 잘 보여준다.

발해 음악

발해의 음악 또한 상당 수준으로 발달했다. 정확한 사정을 직접 전하는 기록은 없지만 일본과 교류 과정에서 음악 교류가 활성화되어 일부 모습이 추정 가능하다. 발해 사신이 일본을 방문하여 연회가 벌어지면 으레 음악 연주가 이루어졌다.

발해 사신단에 악사들이 포함되어 파견될 경우에는 직접 발해 음악을 선보였는데, 특히 740년에 방문한 이진몽(己珍蒙)은 몸소 발해악을 연주하여 일본인들의 관심을 받았다. 이 시기를 전후하여 일본의 우치오(內雄)가 발해로 와 발해 음악을 배웠다.

일본에 돌아온 이후 우치오의 활약에 대해서는 기록이 없지만, 후에 발해 음악은 일본 궁정의 우방악(右方樂: 한반도로부터 전래된 음악을 가리키는 용어로 고려악이라고도 한다) 중 한 부분으로 자리 잡는다. 1171년 편집된 일본쟁(箏) 악보집인 『진치요로쿠(仁智要錄)』'고려악편'에 3수의 발해악이 전하는 것으로 보아 이 시대에 입수된 발해 음악이 일본 내 궁정악으로 정착되었음을 알 수 있다.

발해 음악에서 유래한 것으로 추정되는 일본의 아야기리(綾切)

나가며

발해가 한국인에게 차지하는 의미는 각별하면서도 다중
적이다. 중국 둥베이지방에서 연해주에 이르는 광활한 영토
를 활동 무대로 삼았다는 사실로부터 크나큰 기대감과 자긍
심을 불러일으키는 동시에, 급작스러운 패망 이후 이 지역이
한국사의 무대에서 사라졌다는 사실은 회한과 아쉬움을 불
러일으킨다.

하지만 이러한 자긍심과 아쉬움을 채우기에는 남아 있는
사료가 턱없이 부족하다. 이런 탓에 발해사에 대해서는 종
종 '수수께끼'라는 수식어가 따라 붙는다. 이러한 수식은 발
해에 대한 관심을 이끌어낼 수도 있지만 다른 한편으로는

지나친 기대와 상상으로 역사적 사실에 대한 이해를 오도할 우려도 있다.

발해의 실제 모습에 좀 더 가깝게 다가가 그 역사적 의미를 이해하기 위해서는, 우리의 시선을 한국사 속 여러 왕조 중 가장 넓은 영토를 영위했다는 점과 더불어, 다양한 민족과 문화가 공존했다는 점에 맞출 필요가 있을 것이다. 넓은 영역과 다양한 주민을 발해가 이끌어나갔다는 사실을 결과로만 이해할 것이 아니라 그 과정이 어떠했는가를 이해해야 한다는 뜻이다.

거듭되는 성쇠 속에서 229년간 광활한 북방 영토를 영위하면서 '해동성국'이라는 평가를 받을 정도로 발전할 수 있었던 것은, 일원화된 통치 질서나 강력한 왕권 때문만이 아니었다. 대내외 정세에 대한 주도면밀한 판단과 대처, 설득과 소통을 통한 통합적 정치력, 개방적이고 진취적인 자세가 또한 잠재적 원동력이었다. 이를 객관적으로 살피기 위해서는 우리가 기대하는 발해, 우리가 보고 싶은 발해가 아닌 역사상 있는 그대로의 발해를 이해해야 한다.

발해는 해동성국이라 불릴 만큼 강성한 국가였던 것이 사실이지만 역사 전개 과정에서 굴곡 또한 많았다. 넓은 영역과 다양한 주민을 통솔해야 했기에 안팎으로 불특정한 위기 상황이 수시로 찾아오고 크고 작은 갈등과 마찰이 끊이지 않았을 것이다. 하지만 지금까지 우리가 알고 있는 발해는 대개 통치가 안정되고 대내외적으로 발전을 이룩한 시기에 한정되어왔다.

이런 점에서 『발해왕조실록』이라는 이름 아래 발해사 전반을 왕대력으로 살핀 이 작업은 그동안 간과되었던 시기와 면모까지 두루 망라하고 있어 새로운 의미를 갖는다. 물론 경우에 따라서는 잘 알려지지 않은 시기의 파편화된 모습이 발해의 역사상을 오도할 수 있다거나, 불필요하게 나약하고 혼란스러운 모습까지 드러낸다며 다소 불편한 심기를 드러낼지도 모르겠다. 그러나 이러한 낯섦과 불편함 또한 발해사를 객관적으로 이해하는 한 부분이라 생각한다.

우리는 발해의 개방적이고 유연한 문화 능력과 그 성과에 대해 열린 마음으로 살필 필요가 있다. 발해는 여러 면에서 진취적이고 개방적이며 유연했다. 고구려 계승의식을 견지하면서도 이민족과 이문화에 개방적이었다. 다양한 문화를 수용하고 변용할 줄 알았고 다양한 통치 방식을 운영하면서 지역별 특성과 장점을 융합하고 통합할 줄 알았다. 발해가 남긴 다양한 문화 속에는 한국적 연원이나 감성으로부터 다소 이탈하는 문화 요소가 있다. 그렇다 하더라도 우리는 이를 간과하거나 배제할 것이 아니라 적극 포용해야 할 것이며, 이는 궁극적으로 한국사와 한국 문화의 폭과 범위를 확대하는 데 기여할 것이다.

대외 정책 역시 발해는 유연하고 능동적이었다. 자국의 이익을 추구하면서도 감정이나 명분만을 내세워 소탐대실의 우를 범하지 않았다. 국가의 자존을 건드리는 도전에 대해서는 전면 공세를 취했지만, 안위가 흔들릴 만한 위기 상황에서는 명분을 뒤로 하고 주변국에 지원과 협조를 구하는 용의주도함을 보였다. 면밀한 정세 판단과 대처 능력, 주변국가와 우호·협력 능력은 발해의 대외 정책을 이해하는 핵심이라 하겠다. 이런 점에서 발해사에 대한 이해는 날로 다원화되고 있는 한국 사회에 새로운 시사점을 던져줄 수 있을 것이다.

모쪼록 이 책이 발해사 전체를 조망하고 발해에 대한 관심과 이해를 높이는 데 조금이나마 도움이 되기를 기대한다. 행여 이 작업에서 빠뜨린 사실이나 오류가 있다면 모두 저자가 감당해야 할 몫이다. 이에 대한 독자들의 비판을 겸허히 수용할 것이며 향후 진전된 연구를 위한 소중한 충언으로 삼을 것을 약속한다.

참고문헌

단행본

구난희 외, 『발해유적사전 중국편』, 한국학중앙연구원출판부, 2015.

김정배 편저, 『한국고대사입문』 3, 신서원, 2006.

김종복, 『발해정치외교사』, 일지사, 2009.

김진광, 『북국발해탐험』, 박문사, 2012.

동북아역사재단 편, 『발해의 역사와 문화』, 동북아역사재단, 2007.

고구려연구재단 편, 『새롭게 본 발해사』, 고구려연구재단, 2005.

방학봉, 『발해의 문화 2』, 정토출판, 2006.

방학봉, 『중국경내 발해유적 연구』, 백산자료원, 2000.

濱田耕策, 『渤海國興亡史』, 吉川弘文館, 2000.

사회과학원 고고학연구소, 『발해의 무덤』, 진인진, 2009.

사회과학원 고고학연구소,『발해의 유물』, 진인진, 2009.

송기호,『발해 사회문화사 연구』, 서울대학교출판문화연구원, 2011.

송기호,『발해정치사연구』, 일조각, 1995.

王培新·梁會雨,『八連城: 2004~2009年度渤海國東京故址田野考古
　　報告』, 文物出版社, 2014.

魏存成,『渤海考古』, 文物出版社, 2008.

이기동 외,『8세기 동아시아의 역사상』, 동북아역사재단, 2011.

이효형,『발해 유민사 연구』, 혜안, 2007.

鄭永振·李東輝·尹鉉哲,『渤海史論』, 吉林文史出版社, 2011.

趙虹光,『渤海上京城考古』, 科學出版社, 2012.

중앙문화재연구원,『발해의 고분 문화 1-2』, 진인진, 2014.

한규철 외,『발해의 5경과 영역 변천』, 동북아역사재단, 2007.

한규철,『발해의 대외관계사』, 신서원, 2005.

논문

구난희,「발해와 일본의 교류 항로 변화에 관한 연구」,『역사교육』
　　126, 2013.

김은국,「8~10세기 동아시아 속의 발해 교통로」,『한국사학보』24,
　　2007.

김진광,「발해 도성의 구조와 형성과정에 대한 고찰」,『문화재』45-2,

2012.

송기호, 「발해의 천도와 그 배경」, 『한국고대사연구』 36, 2004.

송기호, 「용해구역 고분 발굴에서 드러난 발해국의 성격」, 『고구려발해연구』 38, 2010.

양정석, 「발해 궁궐구조의 계보에 대한 검토」, 『역사와담론』 56, 2010.

윤재운, 「8~10세기 발해의 문물교류」, 『한국사학보』 23, 2006.

이병건, 「발해 24개돌유적의 건축형식 연구」, 『대한건축학회논문집』 176, 2003.

임상선, 「발해 동경 지역의 고구려 문화 요소」, 『고구려연구』 25, 2006.

임상선, 「발해의 도성체제와 그 특징」, 『한국사학보』 24, 2006.

정석배, 「발해 상경성의 도시계획: 황제도성으로서의 발해 상경도성」, 『고구려발해연구』 45, 2013.

한규철, 「발해 중경의 의미」, 『고구려발해연구』 37, 2010.

자료 출처

16쪽 성산자산성 전경 : 저자

16쪽 성산자산성 평면도 : 방학봉, 『발해 주요 유적을 찾아서』, 연변대
학출판사, 2003, 24쪽.

23쪽 등주성 전경 : 대구대학교 윤재운 교수 제공

31쪽 서고성 평면도 : 吉林省文物志編修委員會 主編, 『和龍縣文物
志』, 1984, 50쪽.

32쪽 외성 북벽에서 바라 본 서고성 전경 : 저자

42쪽 상경성 위성사진 : 구글어스(Google Earth)

42쪽 오봉루에서 본 상경용천부 제1궁전터 전경 : 저자

43쪽 중경 서고성 북벽 : 저자

43쪽 동경 팔련성 전경 : 저자

43쪽 서경 소재지로 추정되는 린장시 팔대가 : 저자

44쪽 남경 청해토성 성벽 : 조선유적도감편찬위원회, 『조선유적도감』 8 발해편, 외국문종합출판사인쇄공장, 1991, 163쪽.

80쪽 둔화시 입구에 새워진 지역 역사 관련 건축물 : 저자

80쪽 온정균 시가 새겨진 건축물 일부 : 저자

82쪽 「중대성첩」 : 일본 구나이초(宮內廳) 쇼료부(書陵部) 소장

83쪽 함화4년명불비상 : 일본 오쿠라미술관(大倉集古館) 소장

87쪽 『가구영험불정존승다라니기』 : 불교문화재연구소 임석규 연구실장 제공

119쪽 이광호, 「발해의 춤」, 1998. 답추를 추는 발해인을 묘사한 기록화 : 전쟁기념관 소장

123쪽 상경용천부 고성 평면도 : 黑龍江省文物考古硏究所, 『1998~2007年度考古發掘調查報告 渤海上京城』, 2009, 15~16쪽.

125쪽 삼채 기둥밑장식 : 趙哲夫·李陣奇, 『渤海三彩』, 文物出版社, 2013, 30쪽.

126쪽 삼채 귀면와 : 趙哲夫·李陣奇, 『渤海三彩』, 文物出版社, 2013, 197쪽.

131쪽 용두산고분군에서 발굴된 발해 금제관식 : 연변박물관(延邊博物館) 소장

132쪽 팔련성 내성 평면도 : 王培新·梁會雨, 『八連城: 2004~2009年度渤海國東京故址田野考古報告』, 文物出版社, 2014. 53쪽.

133쪽 신생사찰지 평면도 : 魏存成, 『渤海考古』, 文物出版社, 2008,

65쪽.

136쪽 정혜공주묘 평면도 : 魏存成, 『渤海考古』, 文物出版社, 2008, 221쪽.

137쪽 정효공주묘 실측도 : 조선유적도감편찬위원회, 『조선유적도감』 8 발해편, 외국문종합출판사인쇄공장, 1991, 242쪽.

138쪽 정효공주묘 안칸 인물도 : 조선유적도감편찬위원회, 『조선유적도감』 8 발해편, 외국문종합출판사인쇄공장, 1991, 243쪽.

142쪽 만구24개돌 유적 : 저자

144쪽 흥룡사 석등 : 저자

144쪽 이불병좌상 : 국립중앙박물관 제공

146쪽 발해 삼채 향로 : 趙哲夫·李陣奇, 『渤海三彩』, 文物出版社, 2013, 219쪽.

147쪽 지압무늬 기와와 대롱무늬 기와 : 王培新·梁會雨, 『八連城: 2004~2009年度渤海國東京故址田野考古報告』, 文物出版社, 2014, 도판 49~50쪽.

149쪽 발해 음악에서 유래한 것으로 추정되는 일본의 아야기리 : ⓒ 하야시 요이치. 사계절출판사 제공. 한국생활사박물관 편찬위원회, 『한국생활사박물관 6: 발해·가야생활관』, 사계절, 2002, 40~41쪽.

발해왕조실록

펴낸날	초판 1쇄 2016년 6월 30일

지은이	구난희
펴낸이	심만수
펴낸곳	(주)살림출판사
출판등록	1989년 11월 1일 제9-210호

주소	경기도 파주시 광인사길 30
전화	031-955-1350 팩스 031-624-1356
홈페이지	http://www.sallimbooks.com
이메일	book@sallimbooks.com

ISBN	978-89-522-3431-5 04080
ISBN	978-89-522-0096-9 04080 (세트)

※ 값은 뒤표지에 있습니다.
※ 잘못 만들어진 책은 구입하신 서점에서 바꾸어 드립니다.

이 도서의 국립중앙도서관 출판시도서목록(CIP)은 서지정보유통지원시스템 홈페이지
(http://seoji.nl.go.kr)와 국가자료공동목록시스템(http://www.nl.go.kr/kolisnet)에서
이용하실 수 있습니다.(CIP제어번호: CIP2016014556)

책임편집·교정교열 성한경

085 책과 세계

강유원(철학자)

책이라는 텍스트는 본래 세계라는 맥락에서 생겨났다. 인류가 남긴 고전의 중요성은 바로 우리가 볼 수 없는 세계를 글자라는 매개를 통해서 우리에게 생생하게 전해 주는 것이다. 이 책은 역사라는 시간과 지상이라고 하는 공간 속에 나타났던 텍스트를 통해 고전에 담겨진 사회와 사상을 드러내려 한다.

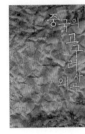

056 중국의 고구려사 왜곡   eBook

최광식(고려대 한국사학과 교수)

중국의 고구려사 왜곡의 숨은 의도와 논리, 그리고 우리의 대응 방안을 다뤘다. 저자는 동북공정이 국가 차원에서 진행되는 정치적 프로젝트임을 치밀하게 증언한다. 경제적 목적과 영토 확장의 이해관계 등이 복잡하게 얽혀 있는 동북공정의 진정한 배경에 대한 설명, 고구려의 역사적 정체성에 대한 문제, 고구려사 왜곡에 대한 우리의 대처방법 등이 소개된다.

291 프랑스 혁명   eBook

서정복(충남대 사학과 교수)

프랑스 혁명은 시민혁명의 모델이자 근대 시민국가 탄생의 상징이지만, 그 실상을 아는 사람은 많지 않다. 프랑스 혁명이 바스티유 습격 이전에 이미 시작되었으며, 자유와 평등 그리고 공화정의 꽃을 피우기 위해 너무 많은 피를 흘렸고, 혁명의 과정에서 해방과 공포가 엇갈리고 있었다는 등의 이야기를 통해 프랑스 혁명의 실상을 소개한다.

139 신용하 교수의 독도 이야기   eBook

신용하(백범학술원 원장)

사학계의 원로이자 독도 관련 연구의 대가인 신용하 교수가 일본의 독도 영토 편입문제를 걱정하며 일반 독자가 읽기 쉽게 쓴 책. 저자는 역사적으로나 국제법상으로 실효적 점유상으로나, 어느 측면에서 보아도 독도는 명백하게 우리 땅이라고 주장하며 여러 가지 역사적인 자료를 제시한다.

144 페르시아 문화

eBook

신규섭(한국외대 연구교수)

인류 최초 문명의 뿌리에서 뻗어 나와 아랍을 넘어 중국, 인도와 파키스탄, 심지어 그리스에까지 흔적을 남긴 페르시아 문화에 대한 개론서. 이 책은 오랫동안 베일에 가려 있던 페르시아 문명을 소개하여 이슬람에 대한 편견과 오해를 바로 잡는다. 이태백이 이란계였다는 사실, 돈황과 서역, 이란의 현대 문화 등이 서술된다.

086 유럽왕실의 탄생

김현수(단국대 역사학과 교수)

인류에게 '예술과 문명' 그리고 '근대와 국가'라는 개념을 선사한 유럽왕실. 유럽왕실의 탄생배경과 그 정체성은 무엇인가? 이 책은 게르만의 한 종족인 프랑크족과 메로빙거 왕조, 프랑스의 카페 왕조, 독일의 작센 왕조, 잉글랜드의 웨섹스 왕조 등 수많은 왕조의 출현과 쇠퇴를 통해 유럽 역사의 변천을 소개한다.

016 이슬람 문화

이희수(한양대 문화인류학과 교수)

이슬람교와 무슬림의 삶, 테러와 팔레스타인 문제 등 이슬람 문화 전반을 다룬 책. 저자는 그들의 멋과 가치관을 흥미롭게 설명하면서 한편으로 오해와 편견에 사로잡혀 있던 시각의 일대 전환을 요구한다. 이슬람교와 기독교의 관계, 무슬림의 삶과 낭만, 이슬람 원리주의와 지하드의 실상, 팔레스타인 분할 과정 등의 내용이 소개된다.

100 여행 이야기

eBook

이진홍(한국외대 강사)

이 책은 여행의 본질 위를 '길거리의 철학자'처럼 편안하게 소요한다. 먼저 여행의 역사를 더듬어 봄으로써 여행이 어떻게 인류 역사의 형성과 같이해 왔는지를 생각하고, 다음으로 여행의 사회학적·심리학적 의미를 추적함으로써 여행에 어떤 의미를 부여할 것인가에 대해 말한다. 또한 우리의 내면과 여행의 관계 정의를 시도한다.

293 문화대혁명 중국 현대사의 트라우마 eBook

백승욱(중앙대 사회학과 교수)

중국의 문화대혁명은 한두 줄의 정부 공식 입장을 통해 정리될 수
없는 중대한 사건이다. 20세기 중국의 모든 모순은 사실 문화대
혁명 시기에 집약되어 있다고 해도 과언이 아니다. 사회주의 시기
의 국가 · 당 · 대중의 모순이라는 문제의 복판에서 문화대혁명을
다시 읽을 필요가 있는 지금, 이 책은 문화대혁명에 대한 안내자
가 될 것이다.

174 정치의 원형을 찾아서 eBook

최자영(부산외국어대학교 HK교수)

인류가 걸어온 모든 정치체제들을 매우 짧은 기간 동안 시험하고
정비한 나라, 그리스. 이 책은 과두정, 민주정, 참주정 등 고대 그리
스의 정치사를 추적하고, 정치가들의 파란만장한 일화 등을 소개
하고 있다. 특히 이 책의 저자는 아테네인들이 추구했던 정치방법
이 오늘 우리 사회가 당면한 문제를 해결할 수 있는 지혜의 발견
에 도움을 줄 수 있을 것이라고 말한다.

420 위대한 도서관 건축순례 eBook

최정태(부산대학교 명예교수)

이 책은 도서관의 건축을 중심으로 다룬 일종의 기행문이다. 고대
도서관에서부터 21세기에 완공된 최첨단 도서관까지, 필자는 가
능한 많은 도서관을 직접 찾아보려고 애썼다. 미처 방문하지 못한
도서관에 대해서는 문헌과 그림 등 가능한 많은 정보를 수집하려
노력했다. 필자의 단상들을 함께 읽는 동안 우리 사회에서 도서관
이 차지하는 의미에 대해 다시 생각하게 된다.

421 아름다운 도서관 오디세이 eBook

최정태(부산대학교 명예교수)

이 책은 문헌정보학과에서 자료 조직을 공부하고 평생을 도서관
에 몸담았던 한 도서관 애찬가의 고백이다. 필자는 퇴임 후 지금
까지 도서관을 돌아다니면서 직접 보고 배운 것이 40여 년 동안
강단과 현장에서 보고 얻은 이야기보다 훨씬 많았다고 말한다.
'세계 도서관 여행 가이드'라 불러도 손색없을 만큼 풍부하고 다
채로운 내용이 이 한 권에 담겼다.

eBook 표시가 되어있는 도서는 전자책으로 구매가 가능합니다.

㈜살림출판사

www.sallimbooks.com
주소 경기도 파주시 문발동 522-1 | 전화 031-955-1350 | 팩스 031-955-1355